종족창문으로 본 현대선교 II

초판 1쇄 발행   2014년 4월 25일

지은이   한정국
펴낸곳   캄인
펴낸이   조명순
출판등록   제 25100-2010-000003호
등록   2010년 7월 22일
주소   경기 의왕시 내손동 791
전화   070-7093-1202,3
디자인   디자인 생기

국립중앙도서관 출판시도서목록(CIP)
종족창문으로 본 현대선교 II / 지은이: 한정국
-- 의왕 : 캄인, 2014 p, ; cm, -- (KAM연구에세이 ; 06)

ISBN 978-89-965044-1-2 94230 : \12000
선교(종교)[宣敎]
기독교[基督敎]

235,65-KDC5
266,023-DDC21 CIP2014011964

캄인은
Korean Aspect Mission의 약자인 KAM(캄)과 인(人)의 합성어로
한국형 선교의 중요한 동력인 '한국인 선교사' 들을 존중하는 사랑의
마음을 담고 있습니다.

'Come In' 의 뜻도 포함하여 '하나님께서 한국 선교를 이끌어가시는
모습을 와서 보라' 는 의미도 담고 있습니다.

06 K A M 연구에세이

종족창문으로 본
현대선교 II

한정국 편저

contents

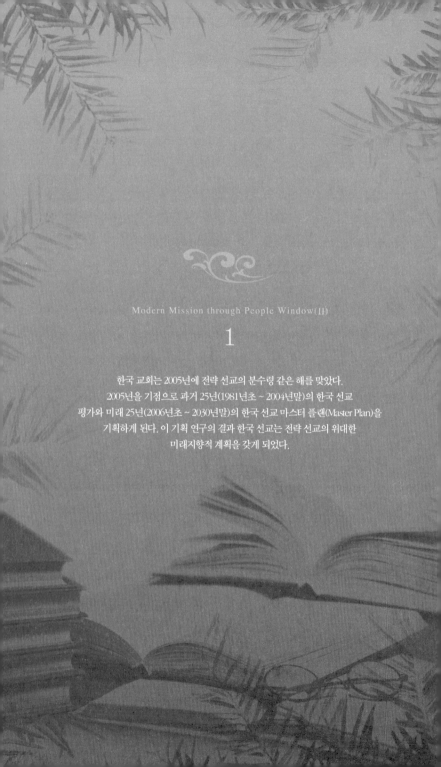

Modern Mission through People Window(II)

1

한국 교회는 2005년에 전략 선교의 분수령 같은 해를 맞았다.
2005년을 기점으로 과거 25년(1981년초 ~ 2004년말)의 한국 선교
평가와 미래 25년(2006년초 ~ 2030년말)의 한국 선교 마스터 플랜(Master Plan)을
기획하게 된다. 이 기획 연구의 결과 한국 선교는 전략 선교의 위대한
미래지향적 계획을 갖게 되었다.

1
TARGET 2030 마스터 플랜을 위한 기획 연구 보고서

| NCOWE IV 기획 연구팀

1. 기획 연구개요

1. 기획 연구 목적 및 성격

1) 목적

2006년 6월 7일~10일 NCOWE(National Consultation on World Evangelization) IV 세계선교 전략회의의 목적은 지난 한국 선교의 평가와 전방개척선교로 남은 과업 완수를 위해 미래 선교 전략을 제시하는 것이다. 이를 위해 NCOWE IV를 주관하는 KWMA(한국세계선교협의회)에서는 구체적 목표 달성을 위해 한국선교계의 지도자들을 중심으로 2005년에 총 47명의 위원회를 구성하였다.

2005년 몇 차례 회동 후, NCOWE IV 진행위원회는 구체적인 기획 연구를 목적으로 NCOWE IV 기획 연구팀을 신설했으며, 태스크 포스팀인 기획연구팀에 의해 'TARGET 2030 마스터플랜을 위한 기획 연구 보고서' 가 최종적으로 작성되었다. Target 2030마스터플랜은 미래 한국선교 25년을 위한 미래지향적 '전략기획(Strategic Planning)' 이다.

2) 성격
- 미래 한국선교 25년의 큰 방향과 5대 과제를 수행하기 위한 구체적 기획 연구 발의
- NCOWE Ⅳ 선교전략대회를 통해 한국선교지도자들의 최종 합의 도출을 돕기 위한 기획

3) 연구
- 미전도종족선교의 후속 계획으로서 전방개척선교로의 한국선교 도전을 위한 연구기획
- 미래 한국선교 25년 마스터플랜 성격
- 제1차 5개년 계획을 공동으로 추진하기 위한 실행 연구 기획

2. 기획 연구 범위

1) 시간적 범위
본 기획 연구는 2005년을 기점으로 하여 한국선교 과거 평가(1980~2005) 25년과 미래 25년(2006~2030) 방향을 기획

하였다.

2) 공간적 범위

본 기획 연구의 범위는 한국과 한국교회가 파송한 해외 선교사, 한인 디아스포라를 포함한다.

3) 내용적 범위

본 기획 연구는 한국교회의 선교를 2030년까지 단계적으로 기획하며, 한국선교 미래 25년 시스템과 콘텐츠 구축을 위한 5차 5개년 개발 계획을 시도해 보았다. 또한 2030년까지 전 세계의 필요한 선교사 수요 예측을 통해 한국선교가 감당해야 할 비전적 수치도 예측해 보았다.

3. 기획 연구 과정

1) 과정
- 기획 연구 조사 기간: 2005년 4월 1일~2006년 5월 31일
  (1년 1개월 간)
- 문헌 조사 과정: 2005년 5월~2006년 5월(1년 간)
- 전문가 인터뷰: 2005년 4월~2006년 4월(1년)
  (KWMA NCOWE Ⅳ 진행위원회에서 추천 선정한 명단과
  진행된 내용)

① 전재옥: 현 햇불 트리니티 교수, 한국선교 과거 25년 평가 부분 인터뷰
② 김은수: 전주대학교 교수, 한국선교 과거 25년 평가 부분 인터뷰
③ 김학유: 합신대 선교학 교수, 한국선교 과거 25년 평가 부분 인터뷰
④ 김인호: 추수교회 담임목사, 전 선교한국 상임 총무, 선교동원 분야 및 한국선교에 대한 평가 부분 인터뷰
⑤ 성남용: 총신대 선교학 교수, 선교이론, 지역교회 선교활성화, 선교전략, 행정 등 한국선교의 전체 부분 인터뷰
⑥ 백재현: 한국 OM선교회 대표, 선교행정과 전략 부분 인터뷰
⑦ 이재경: 기독교침례회 해외선교회 회장, 현지 선교사 출신으로 현재 선교행정, 동원 등 본국사역 감당, 한국선교의 선교전략과 방향, 선교행정 인터뷰
⑧ 문상철: 한국선교연구원 원장, 선교이론과 선교현황, 한국선교의 과제 인터뷰
⑨ 김동화: GMF 선교사, GBT선교회 대표 역임, 현 설악포럼 주관, 선교행정, 한국적 선교와 선교모델 인터뷰
⑩ 최형근: 서울신대 선교학과 교수, 한국선교의 이론, 선교훈련 및 지원체제 인터뷰
⑪ 이현모: 침신대 선교학 교수, 한국선교 미래방향성과 전반적인 동향, 과제 인터뷰
⑫ 손창남: 한국 OMF 대표, 선교행정, 동원, 한국선교모델 인터뷰
⑬ 김성태: 총신대 교수, 선교전략 및 이론 인터뷰 시도했다가, 개인 사정상 문헌자료로 대체

⑭ 유병국: 한국 WEC 대표, 선교동원, 행정, 선교지 필드 체제 인

디뉴 시도했으니 개인 사징싱 불가능, NCOWE Ⅳ 몬대회의 선

교전략회의(2)에서 발제로 추후보충 예정

⑮ 백인숙: MK네스트 대표, 개인 사정상 인터뷰 불가능, 기존에

발표한 문헌자료 및 침례교단 제1차 선교지도자 포럼(2006. 4.

25~4. 28)에 참여하여 백인숙 선교사의 발제를 참고하는 것으

로 대체

⑯ 김세도: GMP 대표, 선교전략과 동원 부분 인터뷰 시도 했으나

개인 사정상 불가능, 추후 보충 예정

■ 전략기획 전문가 초빙 자문 협조

① 최호진: 삼성 에듀(EDU) 과장, 화평교회

② 황병수: 전략기획 전문 컨설턴트, 할렐루야교회 안수집사

■ KWMA가 개최한 NCOWE Ⅳ 26개 분야별전략회의 모임

진행 및 참여를 통한 여론 수렴 (2006년 2월~5월)

– 이슬람선교위원회, 미전도종족선교위원회, 전문인선교

위원회, 국내외국인선교위원회, 불교신도권선교위원회,

(구)공산권선교위원회, 힌두교권선교위원회, 가톨릭권선

교위원회, IT선교위원회, 문화예술위원회, 매스컴미디어

선교위원회, 어린이선교위원회, 의료선교위원회, 선교훈

련교육위원회, 중국선교위원회, 북한선교위원회, 청년 대

학생위원회, 선교사자녀교육위원회, 선교신학위원회, 선

교인문사회과학위원회, 장애인선교위원회, 교회선교활성화위원회, 선교사토털캐어위원회, 스포츠선교위원회, 청소년선교위원회

- 제1차 침례교 선교지도자 포럼에 참여하여 교단에서의 선교 현황에 대한 참여관찰 및 포럼 자료 수집(2006년 4월 25일~4월 28일)

2) 기획 연구팀 소개
- 기획 연구의뢰기관: 한국세계선교협의회
- 기획 연구 자문위원: 전호진(한반도국제대학 교수), 강승삼(총신대 선교대학원장, KWMA 사무총장), 김기홍(ACTS 교수), 성기호(성결대), 전재옥(햇불 트리니티 교수), 김철규(고대), 마민호(한동대 교수), 이교욱(ACTS 교수), 이현모(침신대 교수), 전인영(이대 교수), 정병관(총신대 교수), 조흥국(서강대 교수), 한수아(MVP선교사), 한화룡(천안대 교수), 홍석준(목포대 교수)
- 기획 연구팀: NCOWE Ⅳ 기획 연구팀
- 구성: 한정국(NCOWE Ⅳ 진행위 총무), 이영재(IMPAC: 종족과도시선교연구소 소장, 동국대 경영대학 정보관리학과 교수), 조명순(합신 PMS 선교행정), 최광명(UPMA: 미전도종족선교연대), 정보애(IMPAC 부소장), 김경미

(IMPAC 총무), 위준열(PAMI: 종족과선교정보센타), 정연화(UPMA), 정봉구(AAP), 함윤정(IMPAC), 채미숙(IMPAC), 강서진(합신정보연구소)

2. 한국선교 과거 25년 평가와 새로운 과제

2005년 한국은 20,000명의 한국선교사 시대를 맞았다. 한국세계선교협의회(KWMA)가 조사한 2005년 한국선교사 통계에 의하면 14,086명으로 집계되었다. 여기에 비공식적인 통계인 교회 자체 파송 숫자 5,000명 선교사 수(數)까지 합하면 실제로는 19,000명에 이른다. 즉 20,000명의 한국선교사 시대를 맞이하였는데[1], 주지하다시피 현재 한국은 해외 사역 선교사의 숫자 면에서 미국 다음으로 세계 2위를 기록하고 있다. 이처럼 양적 성장발전이 한국선교의 과거 25년 평가의 주요한 한 부분인 것은 분명하다.

한편 21세기 선교한국은 외부적으로는 글로컬한 시대환경 가운데, 서구 선교지와 2/3세계 피선교지란 기존의 통상적인 개념이 무너지고, 한국과 중국 등 2/3세계의 글로벌한 선교 리

---

1) 강승삼, "한국교회의 선교현황분석과 전방개척선교의 방향", 『한국교회의 새로운 도전 전방개척선교』, 서울: 한선협(KWMA), 2005, pp. 19-20.

더십이 대두되면서, 서구나 2/3세계 선교지도자들로부터 국제적인 글로컬한 리더십을 발휘할 것을 요청받고 있다. 이는 여러 선교지도자들이 공통으로 지적하는 부분이다.

동시에 한국선교는 내부적으로 과거 유아기에서 벗어나 이제는 선교의 '청년기' 시기를 맞이하면서 '선교의 양(量)'과 '질(質)'이란 이중적인 도전 과제에 직면하게 되었다. 따라서 한국선교의 미래 전략 기획인 TARGET 2030의 첫 부분으로 지나간 한국선교의 과거 25년을 평가하는 작업을 진행하고자 한다. 이는 한국선교가 주님의 지상명령 수행과 성령주도하의 교회의 세계선교 활성화운동을 지속적으로 전개해나가기 위해서 선행될 부분이기 때문이다.

1. 연구조사 자료 및 과정

한국선교 과거 25년 평가에 사용한 주요 리서치 자료는 세 가지로 분류된다. 첫째, 한국 선교계의 대표적인 지도자들의 강연 및 문헌 자료 부분이다. 대표적인 것으로 전재옥 교수의 "한국교회가 파송한 선교사의 현황 분석과 선교전략 문제에 관한 연구"[2] 및 GMF의 이태웅 박사가 "한국교회 선교 25년에 대

---

2) 전재옥, "한국교회가 파송한 선교사의 현황과 선교전략 문제에 관한 연구", 이화여자대학교, 1986.

한 평가와 미래에 대한 전망"이란 주제로 CBS 창사 50주년 기념심포지엄에서 발표한 자료[3]이다. 이외 최찬영 선교사의 "해방 후 한국선교 50년 회고"[4]및 조동진 박사의 "한국선교운동의 역사적 추세와 전망"[5]이란 글도 한국의 해방 후 최초 선교사, 제1세대 선교지도자들이 선교지 경험을 가지고 한국선교를 평가한 것으로 그 가치가 있다.

둘째, 한국선교연구원의 『한국선교핸드북』이 있는데, 이 책은 1990년대 이후부터 2년에 한 번씩 발행되어 한국 선교 현황 파악에 많은 도움을 제공하고 있다.[6] 그 외 한국선교연구원 문상철 원장의 관련 자료 "21세기 글로벌 선교의 리더: 한국선교

---

3) 이 자료는 CBS 창사 50주년 기념 심포지엄의 선교세션으로 발표된 것으로, 제4회 한국선교지도자 포럼 핸드북에 게재되어 있다.

4) 최찬영 선교사는 대한예수교 장로회 소속으로 태국으로 파송된 선교사(1955~1992)로, 현재 횃불 트리니티신학대학원 대학교의 석좌교수로 있다.

5) 조동진 박사는 21세기 현재 역사의 중심이 서구에서 비서구로 이동했다고 하면서, 비기독교 국가의 새로운 선교 지도력은 전통적 서구 기독교 국가인 크리스텐덤으로부터의 비기독교 세계를 향한 전통적 선교의 계승 세력이 아닌 사도시대의 선교처럼 약한 자와 눌리운 자, 빼앗긴 자들로부터 강하고 적대하는 반기독교 세력들을 향한 선교의 세계관 위에 새로운 패러다임으로의 전환을 기초로 출발해야 한다고 주장한다. 또한 21세기 한국선교의 미래를 위해 올바른 세계관, 역사관, 성서적 시관(時觀)을 갖춘 지도력 확립이 한국교회의 우선적인 급선무라고 지적했다. 조동진, "한국 선교운동의 역사적 추세와 전망", 『해방 후 선교사 파송 50주년 기념 예배 및 NCOWE Ⅳ 제1차 프리 컨설테이션 』, 2005. 6, pp 8~17.

6) 한국선교연구원 홈페이지를(http://www.krim.org)를 참고하면 보다 상세한 내용을 알 수 있다.

의 현황과 과제"(2003)[7], "영적인 한류: 한국선교의 동향과 과제"(2005)[8]등을 참고하였다.

셋째, KWMA(한국세계선교협의회) 문헌자료 및 정기간행물 KMQ(한국선교)에서 관련 내용을 연구 조사했다. 특별히 지난 2005년 4월 – 6월 동안 KWMA(한국세계선교협의회) 리서치 팀에서 한국 선교지도자들을 대상으로 진행된 "한국선교 25년 평가와 향후 25년 전망에 대한 조사"[9]를 중점적으로 하여 연구를 진행했다. 그 이유는 이 조사가 한국세계선교협의회의 모든 회원단체인 162개 단체를 대상으로 하여 설문 조사와 전문가 인터뷰, 문헌조사를 통해 종합적으로 대규모로 실시되었기 때문이다. 이 결과는 엔코위(NCOWE: National Consultation on World Evangelization)IV 제1차 프리컨설테이션

---

7) 이 글에서 저자는 19세기는 유럽이 주도하던 선교였으며, 20세기는 북미 주도의 선교, 현 21세기는 모든 대륙에서 모든 대륙으로, 모든 민족에서 모든 민족으로 나아가는 다극화된 글로벌 선교시대를 맞고 있는 선교환경의 변화 가운데, 글로벌한 선교 리더십의 필요성을 언급했다.

8) 이 글을 통해 저자는 한국선교의 전략적인 과제로 글로벌한 세계 환경 가운데, 동시에 한국적 특성을 함께 강조하여, 상황화와 글로벌화를 동시에 실현하는 '한국 선교운동의 글로컬(glocal)'을 주장한다. 계속해서 저자는 글로컬한 운동으로 선교운동이 발전하기 위해서는 글로벌한 표준에서 현재의 선교적 경험들을 전략적으로 평가하고, 로컬한 상황에서 창의성을 가지고 발전을 모색하는 것이 중요하다고 했다.

9) IMPAC(종족과도시선교연구소)리서치팀, 『한국교회 세계선교 25년 평가와 향후 25년 전망에 대한 조사: 교단과 선교단체 지도자 의견 리서치를 중심으로』, 2005.6, KWMA NCOWE IV 제1차 프리컨설테이션 자료집.

(2005년 6월 27-28일, 영락교회)을 통해 발표된 바 있다.

이상과 같은 문헌자료 외에도 기타 단행본, 인터넷 자료를 조사했으며, KWMA 진행위원회에서 선정한 전문가집단 16명에 대한 인터뷰 조사도 실시[10]하여, 한국선교의 과거 평가 및 과제 도출에 대한 공론을 확대하고 심화시켰다. 결국 이와 같은 일련의 과정 및 NCOWE IV 제2차 프리컨설테이션(2006. 4. 19), 제3차 프리컨설테이션(2006. 5. 19)이란 공동의 논의를 거쳐 아래와 같이 종합적으로 한국선교 과거 25년 평가와 새로운 과제를 도출하게 되었다.

2. 과거 25년 평가

1980년대부터 현재까지 과거 25년간 한국선교는 선교대상국에서 선교사 파송국가로 전환하는 큰 은혜를 경험하고 있는데, 구체적으로 그동안 한국교회가 파송한 선교사들이 수행하고 있는 선교를 평가해 본 결과 다음과 같은 긍정적인 점과 문제점이 종합적으로 도출되었다.

1) 긍정적인 면

---

10) 이와 관련해서 제1장 연구과정에 상세한 명단이 나와 있다.

① 선교대상 국가의 확대와 선교사 파송 규모의 세계적 수준으로의 증가(1990년-2000년 동안 492%의 양적 성장 이룸)
② 대규모 복음화 운동과 선교운동을 통한 동원과 그 영향
③ 모험, 개척, 불굴의 투지 등으로 대변되는 한국인의 기질적 특성을 통한 선교지의 장애와 서구 선교사의 상황적 제한성 돌파
④ 해외 한인 디아스포라 교회들의 선교적 역할
⑤ 선교대상을 바라보는 틀이 기존의 단일 국가 패러다임에서 종족패러다임으로 발전함에 따라 선교대상국가의 전방위/전체 복음화를 고려한 선교가 전개되기 시작

2) 보완할 면
① 선교목표 및 전략의 구체적 개발 필요[11]
② 한국교회의 선교 활성화 필요(85%가 선교하지 못하고 있음)

---

11) 구체적 일례로 2002년 KWMA에서 주관한 선교전략 포럼에서 최바울 선교사는 다음과 같은 10가지를 글로벌 시대의 한국교회의 선교 전략으로 제시하였다.
1. 각 미전도종족 복음화를 전략적으로 추구키 위해, 창문(window)개념을 구체화 하여 동원한다. 즉 투르크창, 페르시아 창, 카프카즈 창, 인도 북부 창, 중국 소수민족 창 등이다.
2. 관문도시(gateway city)및 관문종족(gateway people)을 전략적으로 공략한다.
3. 한 국가 혹은 한 권역 및 창 지역에 영적, 사역적 임팩트를 주는 메가 프로젝트를 구상하여 전략적으로 추진한다.
4. 남미, 아프리카, 아시아 등 비서구권 교회들과의 선교 파트너십을 강화하고 선교지 현지에서 국제적 팀사역을 활성화 시켜야 한다.

③ 양적 성장과 질적 성숙의 균형 필요

④ 선교 시스템 구축 필요

⑤ 효율적인 선교 협력과 네트워크 개발 필요

3. 미래 한국선교의 5대 과제

1) 전략적 선교

① 한국적 선교모델 개발

② 기존 한국선교의 강점 부분인 교회개척전략과 제자훈련
   전략의 현지화, 상황화

③ 지역사회개발, 비즈니스, NGO 등 다양한 현지 사역 전략
   의 개발

④ 선교목표의 구체화

⑤ 팀사역과 협력 선교 전략

---

5. 약 1억 5천만 명 기독교 공동체를 이루고 있는 중국교회와 세계 선교 협력을 적극 추
   진해야 한다.

6. 한국적인 선교전략을 개발해야 한다.

7. 해외 지역연구를 활성화해야 한다.

8. 평생 선교 패턴에서 5년 혹은 10년의 중단기 선교 전략이 필요하다.

9. 전략적 단기선교 및 단기선교 여행을 활성화 시켜야 한다.

10. 한국선교의 책무(accountability), 사역 윤리와 관련해 선교 정책의 투명성과 선교사
    의 정직성을 회복해야 한다.

    최바울, "한국적 선교전략 개발의 가능성과 실천",『한국선교지도자 포럼 및 선교행
    정 지도자 세미나』, 2002. 11, 제2회 한국선교지도자포럼, pp 110-115.

2) 선교사의 전략적 배치

① 2006년 선교사 파송 제2위인 한국선교의 현주소는 현재
한국선교사의 선교대상지역이 서구지역(미국, 독일, 캐나
다)이 가장 많은 것으로 분석됨(한국선교연구원, 2005년
한국선교의 동향과 과제 자료에서 한국선교사 10대 선교
대상 국가자료에 보면 중국이 1, 482명으로 제1위, 미국
이 2위 994명, 독일이 6위 346명, 캐나다가 10위 221명
으로 통계 보고되어 있는데, 서구에 속하는 미국과 독일
과 캐나다에서 선교하는 있는 숫자를 합하면 1, 561명으
로 집계되어 실제 서구국가를 주요 대상으로 한국교회가
선교하고 있음이 드러났다)[12]

② 각 교단별/단체별 우선사역 대상지 선정과 중복방지를 위
한 선교지 분할정책 필요

③ 미전도종족 대상의 전략적 배치 및 전방개척선교 방향

---

12) 한국선교연구원 조사한 자료에 의하면 한국선교사들의 2005년 현재 10대 선교대상
국가는 다음과 같다.

1위 : 중국(1, 482명)	6위 : 독일(346명)
2위 : 미국(994명)	7위 : 태국(327명)
3위 : 일본(691명)	8위 : 인도네시아(322명)
4위 : 필리핀(666명)	9위 : 인도(300명)
5위 : 러시아(407명)	10위 : 캐나다(221명)

문상철, "영적인 한류(韓流): 한국선교의 동향과 과제", p. 3

3) 선교시스템 구축

① 본부 행정 체제와 현지 체제 구축 및 전문화

② 선교사의 전체 라이프 사이클을 고려한 시스템 개발 필요.
즉 훈련송 ⇒ 파송 ⇒ 현지사역 ⇒ 안식과 재훈련 ⇒ 사역
⇒ 목회적 캐어와 상담 등 전문성 발휘 ⇒ 은퇴 후 지속 사
역 개발

③ 선교의 전 기능(Full functioning)을 발휘하는 총체적인
선교 시스템 고려

④ 장, 단기 년차별, 핵심 사안별 선교시스템 구축 기획

4) 교회선교 활성화

① 기존 교회론의 변화와 선교적 교회론 확립

② 지역교회 선교동원 강화: 15%의 선교하는 교회는 선교의
양과 질에 있어서 발전 유도, 75% 교회는 선교에 동참할
수 있도록 동원

③ 신학생과 목회자를 대상으로 하는 선교교육 실시

5) 선교리더십 개발

① 선교사 인력개발 시급

② 국내 본국 행정 및 훈련 사역자의 전문성과 선교 리더십
개발

③ 지역교회/단체/교단/현지에서 다양한 리더들의 상호 교

류와 리더십 공유의 장 필요

④ 선임과 후임의 모범적, 동반자적 모델 리더십 개발

⑤ 서구 및 2/3세계와의 국제적 협력 리더십 개발

4. 최근 한국선교의 새로운 동향적 특성 : 다양한 선교포럼 및 네트워크, 단체 등장

다양한 선교포럼 및 네트워크의 형성이 2000년대 이후 한국 선교계 동향가운데 가장 큰 특성이라 할 수 있다. 이는 한국선 교계의 대다수 지도자들이 다 공감하는 부분이다. 이러한 선교 포럼 및 네트워크는 과거 한국선교의 평가부분에서 도출된 과 제들을 한국 선교계 지도자들이 연합하여 해결하려는 실천적 의미를 지니고 있다. 따라서 최근 지속적으로 개최된 선교포럼 및 네트워크 형성을 대표적인 것을 중심으로 하여 세 가지로 나누어 살펴보면 미래 한국선교의 과제해결에 더욱 도움이 되 리라 본다.

1) KWMA 협의체 중심의 포럼 개최

① 한국선교지도자 포럼(한선지포)

한국세계선교협의회에서 주관하는 포럼으로, 2001년 시작 되어, 현재 제 5회까지 이르고 있다. 2004년 제3회 포럼에서 는 한국선교의 전략화를 위해 선교지 미전도 지역 분할 및 종족입양을 카스(지역분할: Committee System, 종족 분담: Adoption System, 기능별 특성화: Specialization System) 체계 도입 논의 및 기타 선교신용평가 지표 및 선교사 토탈 캐어, 협력선교 방안에 대한 논의도 함께 다루었다.

2005년 제4회 포럼은 직접적으로 한국 세계선교 과거 25년 (1979~2004)을 분석, 반성하고 향후 25년(2006~2030)간 과제 도출을 위해 다음과 같은 8가지 항목의 합의문을 도출하였다.

▶ 9.11 이후의 상황에 걸맞는 선교전략 개발
▶ 남은 과업 완수를 위하여 2006년 한국교회 선교활성화 대회 및 NCOWE Ⅳ 개최
▶ 선교재정의 투명성과 표준 회계 및 감사기준의 사용
▶ 현지사역 시스템 개발과 선교사의 사역과 재정 책무성
▶ 선교신용평가 기준과 선교사 토털캐어 시스템 기준 재확인
▶ 동반선교 극대화 방안
▶ 전방개척선교 지향적 선교전략과 자비량선교의 개발
▶ 전(全)신자 및 전 한인 디아스포라의 선교 정신의 무장

제5회 포럼은 미전도종족과 전방개척선교 지향적 선교전략을 논의하기 위해 미국세계선교센터(US Center For World Mission)의 랄프 윈터(Ralph Winter)박사 외 6명의 해외 선교

지도자들을 초빙하였다. 주로 전방개척선교의 정의와 영역, 탈서구 선교, 내부자운동 등에 대해 논의를 집중하였다. 이 포럼은 2006년 NCOWE Ⅳ 선교전략대회 전에 미래 한국교회 선교운동의 방향성을 제시하는 기회로 마련된 것이다.[13]

2) 자발적인 연합 포럼 및 네트워크 등장

① 한국 이슬람 포럼

이슬람연구소를 포함하여 29개 관련 단체들이 2003년 이후 이슬람권 선교의 발전을 위해 이슬람 포럼 네트워크 구축

② 한국 선교학 포럼

한국선교연구원을 중심으로 한 한국선교의 제 분야를 이론적, 전문적으로 고찰

③ 방콕 포럼

2004년 발족 후 선교지 현장 선교사의 문제와 과제 중심으로 현안 위주의 포럼 개최. 제2회 포럼에서 '한국선교와 책무' 문제를 다루고, 제3회는 모달리티와 소달리티의 현지에서의 파트너십 방안을 다루었다.

---

13) 강승삼 편집, 『한국교회의 새로운 도전 전방개척선교: 제5회 한국선교지도자 국제포럼 자료집』, 2005. 12, 한선협(KWMA)

④ 설악 포럼

한국교회 선교운동의 세계화, 선교사 파송 및 사역에 대한 2/3세계의 비서구적 선교 모델 개발 등을 주요 목표로 2005년부터 모임 시작

⑤ 한국자생선교단체협의회

2005년 13개 선교단체들이 모여 한국자생선교단체협의회(GMA)를 결성하여 기능적, 지역적 특성을 상호 존중 교류하면서, 함께 협력하여 선교하기 위해 협의체를 구성함

⑥ 전방개척 선교네트웍

2005년 개척선교와 미전도종족선교를 주요 사역방향으로 하고 있는 20여 사역단체들이 전방개척 선교네트웍 결성

3) 기타 단체/기구의 출현

① 선교신용평가기구

2002년 선교신용평가 지표가 마련되어, 각 선교단체 및 선교사들의 책무, 신용과 관련하여 선교신용평가기구가 KWMA를 중심으로 태동되었다.

② MAPSI(Mission And Partnership Strategy Institute: 동반선교전략연구소)

Modality와 Sodality와의 동반 선교 협력 강화. CAS에 입각한 교단 간, 선교단체 간 이견을 뛰어 넘어 선교현지에서 파트너십 실천을 강화하기 위해 탄생한 단체

③ 새로운 전문 선교 단체 출현
2003년 CAS에서 지역, 종족, 사역 특성별 선교단체의 전문화와 특화가 제기된 이후, 기존의 선교단체들이 특화된 부서를 설립하는 동시에, 지역/종족/사역 특성을 선교 목표로 하는 전문 선교단체들이 미션 인큐베이터를 통해 출현할 움직임을 보이고 있다. 대표적인 것으로 북인도선교회, 중국변방선교회, 중국내지선교회 등이다.

④ 선교 및 지역 전문 대학원 설립
911테러 이후 서구 선교의 쇠퇴와 또한 2/3세계에서 한국에 기대하는 글로벌 미션 리더십 요구에 부응하기 위해 피스메이커로서 화해, 조정 역할과 세계선교를 감당할 인재양성을 위해 인터콥에서 2005년 한반도 국제 대학원 대학교 설립

3. 전방개척선교(Frontier Missions)를 위한 한국 선교의 도전

1. 이해와 배경

최근 몇 년 동안 전방개척선교라는 용어가 한국 선교 계에서 주목을 끌면서 일부에서는 전방개척선교가 미전도종족 선교를 대체하는 새로운 패러다임으로 이해하는 것 같다. 그러나 개척 선교는 그 시작부터 미전도종족과 밀접한 관계를 갖고 있다. 1980년 선교협의회, 선교단체 공식 대표들이 참석한 가운데 열린 제2회 에딘버러대회(World Consultation on Frontier Missions)는 20세기 말까지 복음주의 진영의 세계선교의 방향을 이끌어 가는 가장 영향력 있는 운동을 전개하는 촉매 역할을 담당했다. 이 대회를 통해 미전도종족[14]의 조사와 책임 분담 운동을 전개하는 강력한 프론티어 선교운동이 퍼져나가게 된다(조동진 20세기 기독교 선교에 관한 선언서 해설 시리즈). 국내에서도 1990년대 초부터 미전도종족 선교가 시작되어 대부분의 사역단체에서 지향하고 있는 전략이 되었다. 그러나 2005년 실시한 선교지도자 설문조사 결과에 의하면 전체 응답자 80명 중 16.3%가 소속 단체에서 미전도종족에 대한 사역이 전혀 없다고 응답했다. 또한 미전도종족 선교 개념이 보편화되고 저변확대가 되었다는 점에서는 긍정적인 평가가 되었지만,

---

14) 숨겨진 백성들(hidden peoples)이라는 용어가 후에 미전도종족(unreached peoples)이란 용어로 전환되어 사용되고 있다.

종족선교로의 전환은 여전히 해결해야 할 과제로 제시되었다(KWMA 2005).

이런 시점에서 한국선교의 새로운 국제적 위상 정립과 남은 과업에 대한 새로운 인식을 위하여 전방개척선교를 더욱 지향할 것을 합의하게 되었다(제4회 한국선교지도자포럼 합의문, 2004). 이어 2005년 2월 전방개척선교세미나를 개최하여, 남아있는 과업에 대한 새로운 인식을 함과 함께 전방 개척 선교의 효율적 수행을 위해 한국전방개척선교연대(Korea Frontier Mission Network) 구축을 결의했다. 수차례 모임을 통해 지금의 전방개척선교연대가 출범하고, 2005년 10월 전방개척선교저널(Korean Journal of Frontier Mission)이란 격월간 전문 잡지를 발행하며 전문성을 갖추기 시작한다. 2005년 11월에 개최된 제5회 한국선교지도자포럼은 전방개척선교를 향한 한국 세계선교의 진보와 지역교회의 역할이란 주제로 열렸다. 랄프 윈터, 그레그 파슨, 팀 루이스, 마크 할랜 등을 주강사로 초청하여 전방개척선교에 대한 주제 발표와 활발한 논의의 시간을 가지면서, 전방개척선교를 지향하기로 재합의했다.

지난 2005년 한국선교지도자 설문조사에서 전방개척에 대해서 대체적으로 높은 인지도(86.3%)를 보였다. 정책 반영도 역시 전혀 반영하고 있지 않다는 5.8%를 제외하고는 가능한 전방개척을 지향하고자 하는 의지가 높음을 보여준다. 전방개척선교가 남은 과업에 대한 인식확대에 효과가 매우 높을 것이라는 응답(92.5%)과 전방개척선교가 남은 과업 완수에 효과적일 것이라는 응답(88.8%)이 높게 나왔다. 이를 통해 전방 개척선교에 거는 기대가 큼을 알 수 있었다(KWMA. 2005).

본 선교전략회의(NCOWE IV)의 주제 또한 '함께 협력하여 전방개척선교를 통한 남은 과업의 완수'이다. NCOWE IV 진행위원회 기획팀은 과연 전방개척선교가 무엇이며, 한국 선교가 역량을 결집해야 할 전방은 어디인지, 완수해야 할 남은 과업은 무엇인지에 대한 질문을 던지며 연구를 실시하였다. 이를 위해 선교 전문가들의 인터뷰와 문헌 조사를 실시했다. 본 장에서는 전방 개척의 정의 및 영역에 대한 소개와 함께 각 국가별 전방개척지수를 산정하여 제시했다. 이에 더불어 전방개척지역과 종족 선정 시 지침이 될 카스(CAS) 시스템에 대해 소개하였다.

2. 정의와 영역

1) 전방개척선교의 정의

전방개척선교에 대한 합의된 정의는 없었다. 그러나 지금까지 한국 내에서 인식되는 전방개척선교란 타문화권에 가서 미전도종족지역이나 미전도종족에게 복음을 전하여 건강한 토착교회를 세울 때까지의 사역을 의미해왔다(강승삼 2005). 랄프 원터 역시 전방개척선교는 선교학적 돌파를 위하여 숨겨진 종족 가운데서 이루어지는 사역이라고 정의[15]했다(랄프 원터 2005).

2) 전방개척선교 영역(Mission Frontiers)

전통적으로 지정학적 경계와 종족 언어학적 범주로 전방 개척의 영역을 구분해 왔었다. 랄프 원터가 언급했듯 1910년도에 프론티어의 개념은 수많은 개개인들이 그리스도께 나아가는 것에 그 비전이 세워졌었다. 20세기 말이 되면서 미전도종족 리스트가 전방개척적인 남아있는 과업을 정의하기 위한 그 기초가 되었다. 최근에 그는 12가지의 '전방 개척적(Frontiers in Mission)'인 것들을 제시했다.[16] 여기에는 미전도 종족, 남아있는 과업 뿐 아니라 과학과, 질병과의 싸움 등 지금까지와는 다른 관점들을 제시하였다. 그러나 이 모두는 직/간접적으로 미전도종족들을 주님께 인도하는 데에 관련을 맺고 있다고 언

---

15) 참고 자료 : 제5회 한국선교지도자 국제 포럼 합의문(2005년 11월). 한국기독교총연합회(CCK)/한국세계선교협의회(KWMA)/한국전방개척선교네트워크(KFMN)와 미국세계선교센터(USCWM)/국제전방개척선교학회(ISFM)/GNMS(Global Network of Mission Structures)가 연합하여 강화성산 예수마을에서 공동 주최한 2005년 11월 16-18일 까지 모여 실시한 국제포럼의 결과로서 한국선교지도자와 외국 선교지도자 243명은 다음과 같이 합의한다:
우리의 비전은 하나님의 영광을 위하여, 모든 족속 가운데 성경적인 토착교회 운동을 보는 것이다. 우리는 그 비전을 속히 이루기 위하여 다음과 같은 합의 사항을 실행한다.

1. 우리는 전방개척선교를 지향한다.

2. 우리는 MT 2020(2020년까지 백만 자비량 선교사 파송운동)과 TARGET 2030(2030 년까지 십만 선교정병 파송운동)을 통하여 한국교회의 부흥과 세계선교의 동력화를 이룬다.

3. 우리는 남은 선교과업의 완수를 위하여 세계선교역사와 전 세계의 현재 선교 상황을 인식하여 우리에게 주어진 역할을 감당한다.

4. 우리는 2006 세계선교대회/NCOWE IV의 성취를 위하여 적극적으로 동참한다.

5. 우리는 역사의 주관자이신 하나님께서 이 일을 이루실 것을 믿고, 열방을 품은 기도 운동을 활성화한다.

〈실행합의문 설명〉

■ 족속은 인종−언어적인 동질성을 띤 종족 집단과 사회−문화적인 동질성을 띤 인구집 단을 포함한다.

■ 전방개척선교라함은 궁극적 비전을 실현하는데 장애가 되는 것들을 식별하고, 그것 들을 극복, 해결하여 비전 실현을 가속화 하는 총체적인 노력이다.

■ 한국교회의 부흥과 세계선교의 동력화는 궁극적 비전 실현을 위하여 2006년 세계선 교대회와 그 이후의 지속적인 지향점이 되어야 한다.

■ 세계선교의 동력화는 한국적 국제 선교모델들을 개발하고, 세계선교네트워크에 능동 적으로 참여하고 주도적인 역할을 감당하는 것을 의미한다.

■ 선교역사에 대한 인식은 과거 기독교 선교의 실수와 중복을 피하여 우리의 특별한 역 할을 발견하기 위함이며, 현재의 전 세계적 상황인식은 남아 있는 과업을 이루고자 하 는 대상에 대한 정확한 이해를 말하는 것으로서, 이슬람, 힌두, 불교, 무신론자 및 포 스트 모던주의자 집단 등을 말한다.

■ 세계선교에 대한 우리의 역할 감당은, 전방개척선교의 내용 및 세계선교 흐름의 연구 와 한국형 국제선교사역의 모델 개발을 포함한다.

■ 기도운동은 아직도 세계선교에 동참하지 못한 85%의 한국교회에 대한 선교참여와 전 방개척선교에의 동원을 통하여 궁극적 비전을 이루고자 하는 우리가 하나님께 드리 는 헌신이다.

2005년 11월 18일

16) 미전도종족(Unreached Peoples), 대위임명령과 아브라함, 미완성 과업에서 완성할 수 있는 과업으로, 대규모 집단에 대한 실패와 급진적상황화(Radical Contextualiza-tion)의 필요, 역상황화(Reverse Contextulization), 하나님 나라에 대한 복음의 재선포, 기독교의 한계를 넘는 일(Beyond Christianity), 다른 종류의 동원, 트로이 목마, 목회자 교육에 대한 변혁의 필요, 과학이라는 종교, 악한 존재에 대한 도전

급하고 있다(랄프 윈터 2005).

지난 2005년 한국선교지도자 80명을 대상으로 실시한 설문 조사에서 '전방' 개념이 어디라고 생각하는가라고 질문한 결과 '미전도종족이라는 사역 대상으로의 개념과 지리적으로 복음에 소외된 곳, 문화적/언어적 미복음화 된 곳, 교회가 없거나 약한 곳' 이 전방이란 개념을 공유하고 있었다(KWMA. 2005). 미전도종족 대상과 미복음화지역으로만 전방 개념을 정의할 때 미전도종족과 미복음화지역 이외 사역들을 무차별적으로 비난 하는 것의 위험이 있을 수 있다. 그러나 선교 자원의 불균형으로 재배치가 심각하게 고려되고 있는 한국 선교 상황과 남은 과업의 완수라는 측면을 본다면 한국적 상황에서 전방의 영역은 미전도종족과 미복음화 된 지역을 중심으로 기준이 제시되는 것이 전략적일 것이다.

향후 전방 선교의 영역에 대한 깊은 연구도 필요하다. 특히 사역 기능적 영역에서 전방의 영역이 개발되고 연구되어져야 한다. 본 연구에서는 선교 지역별, 종족별, 사역 기능별 전방 영역을 제시하고자 계획했었으나, 개척 지역별 필요한 사역 영역에 대한 필요 분석의 미비로 기능별 전방은 제시하지 못했다. 추후 현장 중심의 필요 조사를 통해 기능적 전방의 영역을 지속적으로 개발해야 할 과제가 남아 있다.

3. 전방개척선교로의 도전

1) 최우선 선교대상지역과 전방개척지수

전방개척에 대한 정의가 내려진 후 전방 개척에 대한 구분을 위해 그리고 비 전방개척 지역에 대한 배려에 따라 선교 지역을 전방개척선교(Frontier Mission) 지역과 일반선교(General Mission) 지역을 구분하여 개척 지수를 나누어 보았다. 이를 통해 각 지역마다 다른 선교 전략적 접근을 할 수 있도록 했다.

지역분할의 기준을 위해 복음전파의 난이도에 따라 구분하였다. Operation World 자료에 따르면 한국의 복음주의자 비율은 15.5%이고, 이중집계 기독교인 비율에 가중치를 적용하면 41.6%가 된다(계산의 예 참조). 한국을 선교지로 생각하는 선교지도자는 한명도 없다. 따라서 한국을 기준으로 하여 선교지를 구분하면 좋은 구분이 되리라 생각된다. 그리고 선교지에 있는 불신자들을 전도 대상인구와 선교대상인구로 구분하였다. 현지에 있는 그리스도인들에 의해 복음을 들을 수 있는 대상을 전도대상 인구로 파악하고, 나머지 불신자들을 선교대상 인구로 계산 하였다.

개척선교 지수의 분류는 통계자료의 특성(나라별)으로 인해 국가단위로 나눌 수밖에 없다. 주의 깊게 볼 것은 전방개척지역으로 지정된 지역의 선교 대상 인구가 많다는 점이다. 선교 대상이 많다는 것은 상대적으로 복음을 접할 기회가 적다는 것이다. 현 패러다임으로 선교사들을 배치하고 지역적 우선순위를 배제한 상태로 갈 경우 2030년에도 여전히 전방개척지역으로 남아있을 것이다(참고: 첨부된 2000년과 2025년 각 나라 복음을 들은 사람의 비율을 표기 한 지도 참조).

〈한국의 상황〉

복음주의자 비율	이중집계 기독교인 비율(가중치적용)
15.5%	**41.6%**

가중치	개혁교회 Protestant	독립교회 Independent	성공회 Anglican	정교회 Orthodox Catholic	로만 가톨릭 Roman Catholic	사이비기독교 Other
적용전	36.19	1.15	0.16	0.00	8.12	
적용후	36.19	1.15	0.16	0.00	4.06	0

* 사이비 기독교는 몰몬교, 여호와 증인교, 통일교 등 이단들이다.

〈지역구분 요약〉

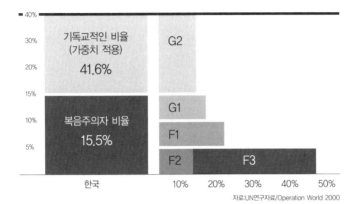

자료:UN연구자료/Operation World 2000

일반선교지역(General Missions Areas)

G2 : 복음주의자 비율이 15.5% 이상인 경우

G1 : 복음주의자 비율이 10%이상-15.5%미만이고, 이중집계 기독교인
    수에 가중치를 부여한 값이 더 큰 경우

전방개척지역(Frontier Missions Areas)

F1 : 복음주의자 비율이 5%이상-10%미만인 경우

F2 : 복음주의자 비율이 0-5%미만이고, 박해지역이 아닌 경우 F3: 복
    음주의자 비율이 0-5%미만이고, 박해지역인 경우

〈지역별 특징 설명〉

• 일반선교지역(General Missions Areas)

G2 : 한국보다 복음주의자 비율이 높은 경우는 G2 지역으로
분류했다. 이 부분에서 염두에 둘 것은 한국은 더 이상 선교

사를 받는 국가가 아니라는 점이다. 이러한 기준이 세계적으로 적용되는데 무리가 있다 하더라도 최소한의 선교사만이 상주해야 한다. 따라서 전방개척지역 선교를 위한 동원의 차원에서 접근해야 할 것이다.

G1: 복음주의자 비율이 한국보다는 낮지만 복음주의자 비율이 10% 이상이고, 이중집계 기독교인에 가중치를 부여한 비율이 41.6%보다 큰 경우이다. 이 지역에 속하는 나라들의 특성은 주 종교가 정교회이거나 로만 가톨릭인 경우가 많다. 이지역은 복음을 전할 수 있는 자유로운 환경 가운데 있으며 자생적인 교회의 적극적 전도활동이 활발한 지역이다. 따라서 직접적인 선교보다는 지도자 훈련을 통한 현지인 사역자 중심의 선교가 필요한 지역이다. 또한 북아프리카(F2, F3 지역)와 접하고 있는 중앙아프리카 지역에 속한 G1의 경우 중요한 전략적 요충지이기도 하다.

• 전방개척지역(Frontier Missions Areas)
F1: 복음주의자 비율이 5%이상 10%미만인 전방개척지역이다. 서아프리카 지역과 중국이 해당하는데, 이 지역들은 F2, F3 지역과 접하고 있으며 주로 무슬림들이 많은 나라들과 접하고 있다.

F2: 복음주의자 비율이 0-5%미만이고, 박해 지역이 아닌 전방개척지역이다.

F3: 복음주의자 비율이 0-5%미만이고, 박해 지역인 전방개
척지역이다.

이상과 같은 분류 방법에 따라 세계 선교지를 국가별 지역별
로 개척지수로 표시하여 전방개척의 우선 시급성을 간접적으
로 표시할 수 있게 되었다. 그리고 선교사의 배치 자료로도 활
용할 수 있을 것이다.

2) 통합 전략 : 신(新) 카스(CAS)시스템 채택과 활용

전방개척지역과 미전도종족이란 한국선교의 전략적 방향을
제고시키기 위해, 지난 2003년에 합의된 카스(CAS) 시스템 기
준안과 이번 2006년에 진행된 전방개척지수를 통합적으로 사
용하였다. 이는 위에서 언급한 것처럼 기존의 미전도종족과 전
방개척선교에 대한 한국선교의 혼동 및 오해를 줄이고, 개척선
교 지향의 입체적이고 통합적인 전략 마련이 요구되기 때문이
다. 주지하고 있듯이 카스 시스템은 2003년 '미전도종족선교
10주년 기념선교대회'를 통해 소개된 개념으로 선교지역분할
(Comity), 미전도종족입양(Adoption), 선교기능특화(Special-
ization) 시스템을 일컫는다. 카스 시스템은 같은 해 개최된 제
3회 한국선교지도자 포럼을 통해 발전적으로 개발하고 활용키
로 합의되었다. 각 파송 단체의 사정을 고려하여 분할지역을 선
정하고, 선교지역 분할에 따른 선교 사역을 미전도종족에 집중

하도록 하며, 선교사들 간 종족 분담이 이루어져 지역교회가 입양토록 하는 시스템을 발전시키고, 단체의 사역 효율성 제고 및 단체 간 협력 증진을 위해 기능별 전문화 안을 수용하여 각 단체 성격에 맞는 연구소와 개발원을 개설하기로 합의한 바 있다.

본 기획팀은 2003년에 합의한 내용을 발전 시켜, 각 국가별로 지역을 분할하고, 각 지역별로 미전도종족을 기술하였다. 국가별 세부 내용은 부록에 수록하였다. 이번 NCOWE IV를 준비하면서 6개월여 동안 관련 문헌 연구를 통해 국가별 카스(CAS) 리스트를 작성하였다. 이렇게 작성된 자료를 해당 지역 선교단체, 현지 선교사들에게 검증을 요청해 수정했으나, 전체적으로 기대에 미치지는 못했다. 따라서 향후 지속적인 수정과 보안작업이 필요하다. 바라기는 이번 NCOWE IV 본대회에 참석한 현장 선교사들의 조언과 수정을 기대하며, 나아가 선교지 현지의 필요를 더 잘 조망할 수 있도록 협력을 요청한다. 이번 기획된 전방개척과 CAS의 통합된 자료를 통해 전방개척선교의 다양한 영역이 더 잘 드러나고, 한국선교가 구체적인 목표를 대상으로 더 전략적인 선교를 수행할 수 있는 기본 자료가 되길 기대한다.

4. Target 2030 마스터플랜
−한국선교 미래 25년 시스템과 컨텐츠

1. 미래 한국선교 시스템의 큰 방향성

미래 한국선교 시스템의 큰 방향성은 다음과 같다.

1) 성장과 성숙이 동시적으로 추구되는 시스템이 요구된다.

2) 저비용 고효율 선교 시스템 구축이 필요하다.

3) 한국적인 적합한 시스템이 개발되어야 한다. – 한국형 선교 모델 창출 요구

4) 책무성이 있는 시스템이 구축되어야 한다.

   ① 선교신용평가 시스템 활용

   ② 선교 재정 투명성 제고

   ③ 선교 단체 없는 선교사들을 공식 선교 기구에 흡수 하는 시스템

5) 협력 시스템의 개발이 활성화되어야 한다.

   ① 교회, 선교단체, 교단 선교부, 현지 교회간의 역할 분담

   ② 중복투자 지양, 선교자원의 분산과 배치, 역할분담

   ③ 세계교회 선교에 동참하는 한국 교회의 역할을 찾는다.

6) 선교지 중심(Field oriented) 시스템이 활성화 되어야 한다.

   ① 선택과 집중을 통한 선교지 특화

   ② 본부는 필드 지원의 전문성을 살림

   ③ 선교지와 본부가 구분, 필드 자체 전략 개발, 자신학 개발, 상황화 된 전략 개발

7) 영적 전투부대와 지원부대(MK, 행정, 케어, 인프라구축)

가 구분되는 시스템을 구축한다.

2. 한국선교 5차 5개년 개발 계획의 개요

본 연구에서는 한국 선교 미래 25년(2006년~2030년)을 5년
씩 구분하여 5차 5개년 개발을 위한 계획을 수립해 보았다. 다
가오지 않은 미래를 기획하는 데는 시대성의 결여라는 한계가
존재하므로, 본 계획은 2030년까지 지속적인 수정과 보안이 요
구된다. 그러나 남은 과업의 완수와 한국 선교의 지속적인 양
적, 질적 성장을 위해서는 공유 가능한 전략 방향이 제시되어
야 할 것이다. 이를 통해 한국교회 세계선교의 전체적인 그림
을 공유하며 총체적인 시스템 구조가 수립되기를 기대한다.

1) 1차 5개년 개발계획(2006-2010) – 전방개척주력기. 한국
   선교 폭발의 준비시기
   전방개척선교와 한국교회의 선교 역량을 깨우는데 주력한
   다. 또한 다양한 선교의 영역을 개발하며 선교 단체의 전문
   화를 지향한다.
2) 2차 5개년 개발계획(2010-2015) – 선교도약기
   한국 선교의 고도성장 시기로 선교 동원을 가속화하며 선
   교사 훈련 및 파송 능력의 극대화를 추구한다. 또한 선교
   시스템의 확립과 인프라를 구축한다.

3) 3차 5개년 개발계획(2015-2020) – 한국교회선교 전력
투구기

한국교회 선교 전 역량이 시너지화 되는 시기. 파송을 가
속화하며 한국교회 전선교 역량을 결집한다.

4) 4차 5개년 개발계획(2021-2025) – 고도 성장기

한국교회성숙과 국제리더십에서 코디역할을 하는 시기

5) 5차 5개년 개발계획(2026-2030) – 성숙 및 제3시대 준비기

한국 선교 제 2시대(2006년 1월-2030년 12월) 5차 5개년 개발을 위한 계획

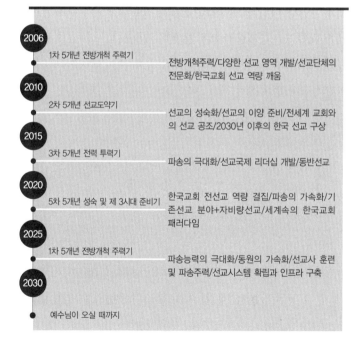

2006

1차 5개년 전방개척 주력기

전방개척주력/다양한 선교 영역 개발/선교단체의
전문화/한국교회 선교 역량 깨움

2010

2차 5개년 선교도약기

선교의 성숙화/선교의 이양 준비/전세계 교회와
의 선교 공조/2030년 이후의 한국 선교 구상

2015

3차 5개년 전력 투력기

파송의 극대화/선교국제 리더십 개발/동반선교

2020

5차 5개년 성숙 및 제 3시대 준비기

한국교회 전선교 역량 결집/파송의 가속화/기
존선교 분야+자비량선교/세계속의 한국교회
패러다임

2025

1차 5개년 전방개척 주력기

파송능력의 극대화/동원의 가속화/선교사 훈련
및 파송주력/선교시스템 확립과 인프라 구축

2030

예수님이 오실 때까지

한국선교의 국제 리더십이 열방국가 선교와 공유하며 2030년 이후의 한국 선교를 구상하는 시기이다.

3. 선교사 수요 예측

Target 2030을 좀 더 구체적으로 기획할 수 있게 하기 위해 선교사 수요 예측을 시도해 보았다. 2030년이면 과연 몇 명 정도의 선교사가 필요할 것인가라는 질문을 제기하면서 여러 통계 자료를 통해 선교사 수요를 예측해 보았다. 이는 선교사 공급측 관점이 아닌 선교지의 관점에서 필요한 선교사 수요를 예측해 보았다는 측면에서 의의가 있다.

1) 선교사 수요 산출 식

선교사 수요

$$= \left\{ \begin{array}{c} (2030년\ 인구예측 - 2030년\ 기독교인(가중치\ 적용)) \\ * (100 - 내국인\ 전도\ 비율) \end{array} \right\}$$

$/ 100 / (G1{\sim}F3에\ 해당되는\ 값)$

① 2030년 인구예측 : UN 인구예측(http://esa.un.org/unpp)에서 2006년 2월 현재 자료를 참조하였다. 그 중에서도 Medium variant를 참조하였다. 대만의 인구는 UN 통계에 나

오지 않아 대만 통계청 홈페이지(http://www.cepd.gov.tw)를 참조하였다.

② 2030년 기독교인(가중치 적용) : World Christian Trends 에서 예측한 2025년 기독교인 비율을 근거로 하여 계산하였다. 2025년 기독교인 비율을 예측한 식을 구할 수 없어, 5년 동안 기독교인 비율의 차이가 거의 없다는 전제하에 2030년 기독교인 비율로 그대로 사용하였다. 이것을 식으로 표현하면 다음과 같다.

(2030년 인구 * 2025년 기독교인비율) * 가중치

• 주 : 예측자료에는 가톨릭과 정교회에 대한 가중치를 적용할 값들이 없다. 따라서 World Christian Trends(2000년)에 있는 자료를 활용하여 기독교인비율 중 각 종파의 비율을 산정하여 2030년 기독교인 인구에 적용하였다.

③ 내국인 전도 비율: World Christian Trends 159번 항목 (evangelized by population from Christians), 복음을 들은 사람 중 내국인에게 복음을 들은 사람 비율이다. 이 자료는 내국인이 복음을 전할 수 있는 전도 대상자와 선교대상자를 구분하기 위해 사용한다. 이 자료에도 가중치(정교회와 로만 가톨릭을 50%만 인정)를 적용하여 사용하였다.

④ 선교사 1인당 선교 대상자 수: 선교사 수를 산정함에 있어

전방개척지수에 따른 선교지 구분 후 이에 필요한 선교사 수 산출을 위해 다음과 같은 기준을 적용하였다.

 – G2 : 선교대상인구 15,000명당 1명의 선교사가 필요함.

 – G1 : 선교대상인구 13,000명당 1명의 선교사가 필요함.

 – F1 : 선교대상인구 12,000명당 1명의 선교사가 필요함.

 – F2 : 선교대상인구 11,000명당 1명의 선교사가 필요함.

 – F3 : 선교대상인구 10,000명당 1명의 선교사가 필요함.

2) 개척선교지수별 선교사 수요 및 비율

2030년까지 필요한 선교사 수요 예측 결과 총 필요한 선교사 수가 460,902명이 도출되었다. 이를 개척 지수별로 구분해 보면 다음과 같다.

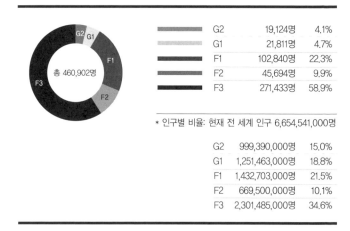

G2	19,124명	4.1%
G1	21,811명	4.7%
F1	102,840명	22.3%
F2	45,694명	9.9%
F3	271,433명	58.9%

* 인구별 비율: 현재 전 세계 인구 6,654,541,000명

G2	999,390,000명	15.0%
G1	1,251,463,000명	18.8%
F1	1,432,703,000명	21.5%
F2	669,500,000명	10.1%
F3	2,301,485,000명	34.6%

3) 10만 선교사 파송 제안

2030년까지 필요한 선교사 수요 예측 결과 약 460,902명이 도출되었다. 이중 미국을 포함한 서구권에서 16만 명, 한국을 제외한 2/3세계에서 20만 명을 분담한다. 현재 국외에서 활동하는 해외 선교사를 기준으로 전 세계 개신교 선교사의 13.2%가 한국 선교사이다. 이런 맥락으로 2030년 선교사 수요 예측수 총 46만 선교사 중 1/5에 해당되는 10만 정도의 선교사 인원을 한국(미주 등 한인 디아스포라 교회를 포함)에서 분담하여 파송할 것을 제안한다.

4. 선교 시스템 구축 및 전략적 선교 과제 해결을 위한 모색

그동안 한국선교의 우선집중 분야 또는 핵심역량 개발이 필요한 분야라고 공동으로 인식하고 있는 이론 연구, 훈련/파송, 선교 행정, 전략, 동원의 5대 분야와 지원체제 구축을 위한 선교 지원 분야를 포함한 6대 핵심 분야로 구분하여 미래 계획을 시도해 보았다.

1) 이론 연구

우선적으로 21세기 글로벌 상황에서 세계화와 지방화를 동시적으로 아우르는 선교리더십 발휘를 하기 위해서는 선교이론에 대한 총체적인 점검과 새로운 선교이론 수립이 시급하다.

미래 한국선교 이론분야에서 우선적인 모색과 실천을 요하는 사항은 크게 다음과 같다. 먼저 아시아 선교신학, 더 나아가 한국 선교신학의 내용수립과 함께 전방개척선교신학이 성경적인 관점, 역사적 관점, 문화적 관점 및 전략적 관점으로 통합적인 이론적 토대를 지녀야 한다.

또한 한국교회의 선교적 교회론을 총체적으로 정립해야 한다. 교회의 본질에 근거한 '선교적 교회론'으로 재정립하여 한국교회가 하나님의 영광, 하나님의 왕국 확장 관점에서 본질적인 교회로 회복되도록 해야 한다.

기존의 상황화, 내부자 운동에 대한 심층적 연구 및 이론이 개발되고 동시에 지역 상황에 맞는 종합적이면서도 선교전략 수립을 위한 실제적인 지역연구가 수행되는 것이 이론 연구에서 중요한 사안이다.

2) 선교 행정

한국선교의 양적, 질적 성장 발전에 비해서나, 특히 한국선교 행정 분야는 다른 분야에 비해서 거의 답보 상태인 것으로 그동안의 연구에서 지적되었다. 그 이유는 우선 한국 선교가 서구선교에 비해 아직 '온전한 전 기능(Full Functioning)'을 발휘하지 못하고 있기 때문이다. 일례로 한국 선교사들을 선교사 라이프 사이클에 비추어 볼 때, 이제 초창기에 파송되었던 선임 선교사들의 자녀들이 대체로 결혼을 하기 시작한 시기로 접어들었다. 현재 한국선교는 제2세대, 제3세대 선교사 배출 시대 및 은퇴 선교사의 수적 증가 시대도 함께 동시적으로 고려해야 한다. 곧 '요람에서 무덤까지' 란 말처럼 인생의 주기를 통한 총체적인 선교행정 개념을 가지고, 선교 행정이 전 기능을 발휘할 수 있도록 해야 한다.

또한 미래 한국 선교행정 발전을 위해 본국행정 체제를 지원 체제, 동원 체제, 발굴훈련 체제 중심으로 재정비하고 현지 체제는 선교지 현지가 갖는 현지의 특성을 고려하여 다양한 행정 체제 및 사역체제를 구축할 수 있도록 하는 모색과 실천이 필요하다.

3) 동원

지금까지 한국선교의 장점은 선교한국, 코스타 대회, 실크로드 대행진, 예루살렘 평화대행진 등 대규모 동원을 바탕으로 급성장해 왔다. 이제 미래 동원은 기존의 대규모 동원운동의 기반 위에 '총체적 동원' 개념과 이론을 발전시키고 실제 적용해야 한다. 즉 한국교회 전신자, 해외의 한인교회, 유학생 등 다양한 한국 디아스포라까지 포함한, 'Total Mission' 모델을 채용한 '총체적 동원' 이 요구되어진다. 또한 총체적 동원은 비단 전체 한국선교의 동심원을 전 세계적으로 확대하는 것에서 그칠 것이 아니라 선교지 교회와 사람들 역시 신학/목회자 중심의 동원이 아닌 '모든 곳에서' '모든 일을 통하여' '모든 사람들'을 동원하는 것이 더욱 중요하다.

기존에 한국 선교사들이 주로 현지교회가 있는 곳에서 동원 사역을 전개하였다. 현지의 당면한 필요가 신학적인 안목을 지닌 교회 지도력 개발이었기에 선교지 사람들을 동원하는 것이 전략적이었다. 그러나 미래 한국선교는 전방개척 방향으로 더욱 더 확장되어야 하므로, 이에 부응하는 새로운 동원 시스템과 내용을 갖추어야 한다.

4) 훈련 파송

한국선교의 미래 방향을 위해, 파송 전 선교사 훈련으로 실제적인 팀 훈련과 선교 리더십 훈련, 타문화 선교훈련이 다양하게 전개되어야 한다. 이러한 훈련은 Informal, Nonformal, Formal, Infield, On the job 등 각각의 상황에서 가장 적합하게 배양될 수 있도록 일련의 훈련 프로그램으로 개발되어야 할 것이다.

무엇보다 시급한 것은 한국선교 훈련의 미래를 위하여, 기존에 선교훈련에 종사하고 있는 노하우를 가진 지도자들이 함께 모여 훈련 커리를 개발하고, 공동으로 할 수 있는 부분과 특성화 되는 부분은 위탁할 수 있는 공조가 이루어져야 할 것이다. 이와 더불어 한국선교훈련계의 모델이 되고 있는 GMTC 이태웅 선교사의 경우처럼 수십 년 동안 전문적으로 선교훈련을 담당하는 전문적인 트레이너들을 발굴, 양성하는 것이 중요하다.

5) 선교 전략

우선적으로 전체 세계 선교전략 역사 속에서 오늘날 적용할 수 있는 전략을 발굴하여, 선교지에서 한국형 선교 전략 모델을 개발해야 한다. 기존에 한 지역 국가에서 사용하던 표준화 된 전략이 주는 긍정적인 부분과 부정적인 부분이 있으므로, 몇 가지의 전략적 모델들을 발굴하여, 사례화 함으로 실제 해당 선교지에 비교, 적용해 볼 수 있어야 한다.

또한 미전도종족과 전방개척선교 등 한국교회의 개척선교 지향의 방향 제시와 다른 한편에서의 글로컬리제이션의 시대환경 속에서 "모든 곳에서 모든 곳으로"의 총체적 선교지 이슈 대두로 인한 이 양자(兩者)의 업그레이드 된 선교전략도 마련되어야 한다.

이외 전략적인 권역별 사역을 위해 북인도, 몽골, 중국, CIS 지역, 중동/서북아프리카, 이슬람권, 이라크, 터키 등 각 권역별/지역별로 다양한 전략회의 및 정기 포럼이 신설, 정착되어 한국선교계가 더욱 전략적인 선교를 공유하고, 이를 연합하여 실천할 수 있도록 해야 한다.

6) 지원 분야

선교 현지의 영적 전투 부대를 지원하기 위한 국내 지원 체제(Home Supporting System)가 구축되어야 한다. 이 분야는 선교 행정 분야와 중복되는 영역들이 있다. 그러나 선교 지원은 교단과 단체의 행정의 범위를 넘어 초단체적 협력이 어느 분야보다 더 요구된다. MK, MP(Missionary Parents), 멤버케어, 신용 평가, 지원체제를 위한 교회 동원 등 통일된 표준안과 지침이 연합체 차원에서 연구되고 실행될 수 있다. 또한 선교 미디어 부대가 지원 분야에서 현장 사역자들과 협력할 수 있다. 이미 선교사 케어 표준안 마련 및 공청회를 실시하고 선교사 위기관리 정책 토론회가 열려 지원에 대한 협력과 공동의 장이 마련되고 있다. 또한 MK 단체들이 전문성들을 갖추고 있고, 각 교단별/단체별 MK 관련 부서 설치 및 담당자가 마련되어 MK 수련회 실시 등의 활동을 펼치고 있다. 또한 신용 평가를 위한 신용 평가 틀이 마련되었다. 향후 통합 지원 시스템이 개발 되고, 인적, 물적 연합체 차원에서 협력 체제가 구축되어야 할 것이다.

〈한국선교미래 25년 개발 계획 요약 조견표〉

타겟 2030 핵심분야와 역량개발안		1차 5개년 (2006~2010) 전방개척주력기	2차 5개년 (2011~2015) 선교도약기	3차 5개년 (2016~2020) 전력투구기	4차 5개년 (2021~2025) 고도성장기	5차 5개년 (2026~2030) 성숙 및 제3시대 준비기
핵심 분야		전방개척주력	파송능력의 도약	한국교회 전선교 역량 결집	파송의 극대화	선교의 성숙화
		다양한 선교 영역 개발	동원의 가속화	파송의 가속	선교국제 리더십	선교의 이양 준비
		선교단체의 전문화	선교사 훈련 및 파송주력	기존선교 분야 +자비량 선교	동반선교	전 세계 교회와의 선교 공조
		한국교회 선교 역량 깨움	선교시스템 확립과 인프라구축	세계 속의 한국 교회 패러다임	고도성장이후 연구	2030 이후의 한국 선교 구상
역량 개발안	이론 연구	전방개척선교의 이론적 배경수립	Target2030에 적합한 이론개발	현지 신학적인 선교 이론 개발	선교 성숙 시기 적합한 이론 개발	선교 이양의 논리 개발 및 전개
		선교적 교회론 수립	한국 선교학 개발	내부자운동확산	동반선교의 다양성	새로운 세계선교이론
		전방개척 선교지 지역연구	선교현지상황화 신학개발	전소자선교사주의의 적용 만개	통일 한국과 전방위선교	전인선교의 만개
	훈련 파송	전방개척 선교지향 훈련 시스템 개발	세대별, 계층별 다양한 훈련 시스템 개발	필드 중심의 훈련 시스템 개발	선교사 파송 절정	선임 선교사의 전략적 재배치
		단기 선교사 파송	선교사 파송 가속화	선교사 파송 가속화	선교사 연장 재교 육 시스템 구축	신임 선교사의 전략적 배치 강화
	선교 행정	선택과 집중을 통한 선교 단체의 전문화	효율적인 선교 시스템 개발 및 적용	신용평가 시스템 활용	선교 소프트웨어 선진화	멤버케어 은퇴선교사 노후대책
		멤버케어 시스템화	선교 인프라 투자 가속화	멤버케어 중도탈락 방지 대책	현지 선교 행정의 만개	철수 및 재배치 행정 개발 및 실시
		현지 선교 행정화	멤버케어 강화	현지 중심 행정 시스템	Total Care System 완비	미래 선교 행정 개발
	전략	선교지 개척과 전문기구 육성	전방개척 전략 개발 활성화	최전방 선교에 한국 역량 총집중	선교지 지도력 이양 전략	포스트 선교 시대 개발 전략
		전방개척 선교전략 개발	Global 동반 파트너십	현지 중심 선교 전략의 만개	국제 동반 파트너십 강화	현지 4자(自) 정책 활성화
		선교정보 리서치확산	문화선교 컨텐츠 개발 강화	선교사 M&A전략	현지 내부자 운동 의 활성화	현지 지도력 이양
	동원	한국교회 선교 동력화	지역교회의 선교체질화 세대별 다양한 계층	전신자 선교사주의 확대 절정	경험 있고 노련한 선교사 동원	파트너십 마인드 선교사 동원
		전문영역, 대상별 다양한 선교동원	선교사 자원개발 동원전문선교사 제도화	선교사 구분의 다 양화, 선교사의 저 변확대	현지 필요에 맞는 고급 인력 동원	제3의 선교 동원 개발
		선교지 동원 홍보	한인디아스포라 선교동원	한인디아스포라교회 의 선교 참여 확산	이민선교	현지 교회 선교 자 원 동원 개발
자원 분야		통합지원 시스템 구축	위기관리 시스템 구축	선교 인적, 물적 총 체적 지원 강구	선교사의 재개발 지원	퇴임선교사의 제도 적 지원 마련
		인적 물적 자원 지원 협력 체제 구축	통합지원 시스템 구축 강화	디아스포라 한인 교 회 선교 지원 강화	새로운 타입의 선교 지원 모색과 추구	현지 교회와 동역 시 국제적 지원 개발
		선교 정보 블로그	지원 분야 선교사 발굴	다양한 지역 선교 전략회의	다양한 선교지 필요 정보 공유화	전한국/한인교회 선교 참여화

5. 1차 5개년 개발 계획
- 한국선교 미래 25년 시스템과 컨텐츠 구축을 위한 계획

미래 25년을 구체적으로 기획하기에는 제약이 있다. 그러나 적어도 2006-2010년까지 1차 5개년 계획을 세우고 구체적이고 실행 가능한 마스터플랜이 되리라 기대하였고 이에 따라 시행하였다. 다음에 열거된 1차 5개년 개발 계획의 활동들은 NCOWE IV 진행위원회 기획팀이 2006년 1월-5월 동안 리서치(문헌조사 및 전문가 인터뷰)와 전략회의를 통해 5년 (2006년-2010년)을 예측하며, 계획한 내용이었다. 이것은 각 분야의 전문가들과 선교 지도자들에 의해 다시 수정, 보안 되었다.

1차 5개년 개발 계획의 전략 방향은 전방 개척에 주력하며, 다양한 선교 영역을 개발하고, 선교단체를 전문화, 한국 교회 선교 역량을 깨우는 것을 지향하며 각 핵심 분야의 역량을 개발하였다. 또한 이론 연구, 훈련 파송, 선교 행정, 전략, 홍보 동원의 5대 핵심 분야와 지원 분야로 나누어 역량 개발안을 기획하여 실천해 보았다.

1) 이론 연구
이론 연구 분야에서는 5년 안에 전방개척선교의 이론적 배경과 선교적 교회론을 수립하고 전방개척선교지 지역연구를

활발하게 개발해야 한다. 이를 위해 선교신학위원회의 활발한
연구 활동이 요구된다. 또한 지역 연구 기능의 강화를 위해 각
지역 선교사회의 연구 전문성이 발휘되어야 할 것이다.

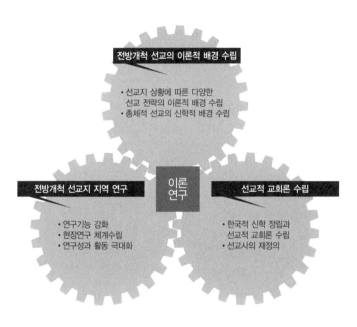

① 전방개척선교의 이론적 배경 수립

상황화 전략의 이론적 배경을 수립하고 선교지 상황에서의
내부자 운동 등 선교지 상황에 따른 다양한 선교 전략의 이론
적 배경을 수립한다. 또한 복음주의 지역사회 개발, 구제사역
과 NGO 사역의 신학적 배경 수립 등 총체적 선교 신학적 배경

을 수립한다.

② 선교적 교회론의 수립

현장과 본국에서 다양한 사역과 기능의 선교사를 필요로 할 것이다. 전통적인 선교사의 정의를 재 정의하며, 한국교회의 선교 체질화를 위한 신학적 기반을 수립하고 세계화에 따른 한국교회 선교 패러다임을 수립하는 등 한국적 신학 정립과 선교적 교회론 수립이 10만 선교사 파송 시대에 가장 시급하게 갖춰야 할 역량이다.

③ 전방개척선교지 지역 연구

선교의 분야별, 기능별 전문 연구소를 설립하고, 이를 발전시킬 연구의 인적, 물질적 자원 개발이 시급하다. 또한 현지 선교사들의 현장 연구 기능 강화와 연구 전문 사역자의 파송을 가속화하여 현장 연구 체제를 수립해야겠다. 이러한 연구들을 발표할 수 있는 통로들을 확보하고 연구 정보의 활발한 교환 및 유통을 위한 체제 수립을 통해 연구 성과의 활용을 극대화할 수 있다.

2) 동원

한국교회 선교 동력화와 전문 영역, 대상별 다양한 선교 동원과 전방개척선교지 홍보 동원이 주요 핵심 개발 영역이다. 각

대상별 차별화된 선교 동원 전략이 개발되기 위해 교회선교 활성화 위원회, 전문인 선교위원회, 미전도종족선교위원회 등 전문 단체들의 협력과 논의의 장이 필요하다.

전문영역 대상 및 다양한 선교동원
- 전문인 선교 동원
- 한인 디아스포라 선교 동원
- 국내 거주 외국인
- 디아스포라 선교 및 동원

한국교회 선교동력화
- 연합 모임을 통한 선교 동원 활성화
- 교회학교 선교 동원 목회자 및 장년층 선교 동원
- 종족, 지역 입양 운동 확산

홍보 동원

선교지 동원 홍보
- 매스매디어 활용 전방 개척 선교 지역 동원
- 사이버 공간 활용을 통한 동원
- 전방개척선교지로의 비전 트립 활성화

① 한국교회 선교동력화

연합 예배와 캠프, 스포츠, 문화 예술 집회 등 연합 모임을 통해 선교 동원이 활성화 되어야겠다. 또한 청년부에 국한되어 있던 교회 학교 선교 동원을 전 학년에 거쳐 활발하게 하기 위해 교회학교 비전 트립을 확산해야겠다. 또한 선교 여름 성경 학교를 실시하며, 교회 선교 공과 개발을 어려서부터 선교적 마인드로 교육시킬 준비가 필요하다. 또한 목회자 및 장년층 선교 동원을 위해 선교 중보기도 운동을 확산하며, 목회자와 직분자를 위한 선교 세미나와 선교 여행을 실시하여 전 교회적 선교 동원 운동이 일어나는 기초를 놓는다. 이를 통해 미전도 종족, 미복음화 지역 입양 등 교회가 적극적으로 동참하는 선교 사역이 활발하게 일어나게 한다.

② 전문 영역, 대상별 다양한 선교 동원

비즈니스 선교사를 포함한 다양한 전문인 사역자 동원 운동을 하며 특별히 전문 영역에서 실무를 쌓은 실버 선교사 동원이 전문인 선교 동원의 큰 이슈이다. 또한 디아스포라 선교 동원은 향후 5년 동안 많이 개발되어야 할 영역이다. 전 세계 흩어져 있는 디아스포라는 100만 선교 사역자 동원의 열쇠이며, 한국에 거주하는 외국인 근로자, 유학생 등 국내 거주 외국인 디아스포라들의 선교 동원은 전략적인 면에서도 하나님이 우리에게 주신 기회가 되겠다.

③ 선교지 동원 홍보

전방개척 선교지를 알리는 홍보 역시 필요하다. 영상 매체, 잡지 등의 매스 미디어를 활용한 전방개척지역 홍보, 사이버 공간을 활용한 홍보 전략이 연구되어야 한다. 또한 전방개척 선교지로의 비전 트립을 활성화시킴으로 전방개척 선교지역을 홍보하며 그 지역으로 동원함에 효과적일 것이다.

3) 훈련 파송

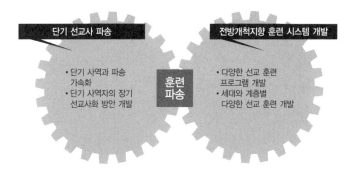

다양한 전방 개척 선교 지향 훈련 시스템을 개발하며, 단기 선교사 파송을 가속화 하는데 주력한다. 선교훈련교육위원회, 전문인 선교위원회 등 전문 훈련 기관들이 협력하여 훈련 시스템을 개발해야 할 과제가 있다.

① 전방개척선교지향 훈련 시스템 개발

기존의 선교 훈련과 차별되는 전방개척의 다양한 이슈들을 다루는 선교 훈련원이 세워지고, 실용적 현장 기능 배양 훈련 등 다양한 선교 훈련 프로그램이 개발되어야 한다. 또한 평신도 전문인 선교사 훈련 등 세대별 계층별 다양한 선교 훈련이 개발되고, 특히 지역교회에서 활용 가능한 선교 훈련 프로그램의 개발이 필요하다.

② 단기 선교사 파송

1차 5개년 동안은 단기 선교사 파송에 더욱 주력한다. 선교지 별 다양한 단기 사역의 영역과 기능을 개발하여 단기 사역자 파송을 가속화하며, 더불어 단기 사역자를 장기 선교사화하는 방안들의 개발이 필요하다. 이를 위해 단기 사역자들의 선교 현지 훈련 시스템을 구축하며, 단기 사역자 관리 및 연장교육을 통한 장기 사역화 시스템이 구축되어야 한다.

4) 선교행정

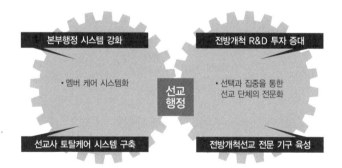

선교 행정의 중요한 핵심은 전문성의 구비이다. 행정과 선교사 돌봄의 전문성, 선교지와 기능의 전문성이 살려져야 한다.

현재 KWMA에서 개최하고 있는 선교행정학교의 확대, 행정 세미나의 개최 등 선교 행정의 전문가들을 양산해 낼 시기이다.

① 선택과 집중을 통한 선교 단체의 전문화

선교단체의 특기사항은 전문성이다. 각 단체마다 현장의 전문성과 사역의 전문성을 살리기 위해 선교 연구 개발을 활성화해야 할 것이다. 이를 위해 전체 선교비의 1% 이상을 R&D 기금으로 조성함이 필요하다. 또한 단체마다 전방개척선교 전임 사역 기구를 발족하며, 인적 자원을 확보하고, 육성하는 일에 주력함이 필요하다.

② 멤버 케어 시스템화

선교사 토탈 케어 시스템의 정착은 1차 5개년 내에 완성될 수 없을 것이다. 그러나 선교사의 현지 정착 지원 시스템, 목회적 돌봄을 위한 체제, MK 교육과 관리를 위한 시스템을 구축해 나감을 통해 선교사 케어 시스템 구축의 큰 걸음을 시작할 수 있다. 국내 본부 역시 행정 시스템을 강화해 나가야 10만 선교사 파송을 준비할 수 있을 것이다. 최근 몇 년 동안 재정 관리 시스템이 많이 구축되고 있다. 이를 가속화하여 선교 단체의 재정 관리가 시스템화 되고, 효율적인 행정 프로그램들이 개발되어 보급되며, 행정 스텝 전문화를 위한 세미나 및 훈련이 실시되어 양질의 서비스가 본부에서부터 시작될 수 있는 체제가 구축되어야 한다.

5) 전략

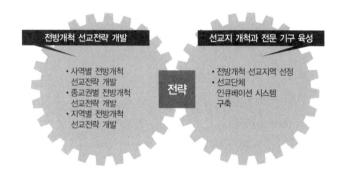

① 선교지 개척과 전문 기구 육성

권역, 국가, 지역, 종족, 기능별 전방개척영역을 선정하는 작
업이 가장 우선적으로 필요하다. 선정된 전방개척 선교지역 및
영역은 사역지 결정 및 선교사 파송 시 고려 가능하도록 표준
화할 수 있다. 각 지역별, 종족별, 사역별 전문 선교 단체들도
더 많이 발족되며 선교 현지 중심의 네트웍을 강화시킨다.

② 전방개척 선교전략 개발

사역별, 종교권별, 지역별 전방개척 선교 전략이 개발되어야 한다. 사역별로는 선교지 상황에 적합한 교회 개척 전략, NGO 및 비즈니스 개발 사역, 캠퍼스 사역 전략들이 개발되어야한다. 이슬람권, 불교, 신도권, 힌두권, 공산권, 가톨릭, 정교회권, 정령 숭배권 등 각 종교권별 전방 개척선교 전략이 개발되며, G2 지역에서 F3 지역까지 각 지역별 개척 전략의 개발도 필요하다. 이를 위해 각 종교권별 위원회의 활발한 활동이 기대된다.

6) 지원분야

상위 언급한 5개의 선교 영역과 더불어 지원 분야를 5개년 개발 계획에 핵심 분야로 포함시켰다. 지원 분야를 선교 행정과 사역의 영역에서 상당 부분 중복된다. 그러나 선교 행정 분야가 개 단체 중심으로 구축되어져야 하는 성격이 강하다면, 지원 분야는 한국 교회 전 차원에서 시스템 구축을 위해 협력이

우선시 되어야 할 분야이다.

① 통합지원 시스템 구축

26개의 전문분야별위원회가 활성화되어 활발한 전략회의와 협의의 사역들이 구축되어야 한다. 또한 선교 신용평가시스템이 활발하게 운영되어 신용평가 실시가 제도화 되며, 각 단체별 정보 수집 및 공유 활성화를 위한 협력 체제를 구성하여 선교데이터 베이스 구축이 통합지원시스템 구축에 시급히 필요하다.

② 인적, 물적 자원 지원 협력 체제 구축

선교협동조합, 미션 뱅크 등 공동기금 운영이 활발해지며, 단체별 비상복지 기금이 마련되어야 할 것이다. 또한 건강검진, 질병 관리, 심리 상담 등 메디컬 케어를 전문적으로 섬길 수 있는 단체들과 개인들이 논의의 장을 만들어 선교사 케어 시스템이 공동으로 구축되어야 한다. 또한 지금도 한참 늦었지만, 이제라도 선교사 안식관 운영 대책 수립을 위한 논의와 구체적 실천이 전 교회 차원에서 준비되어야 한다.

1차 5개년(2006년–2010년)개발 상세 활동 계획

		활동	세부활동	2006	2007	2008	2009	2010
이론연구	전방 개척 선교의 이론적 배경 수립	선교지 상황에 따른 다양한 선교 전략의 이론적 배경 수립	상황화 전략의 이론적 배경 수립					
			선교지 상황에서의 내부자 운동 등의 신학 수립					
		총체적 선교의 신학적 배경 수립	복음주의 지역사회 개발과 전인 선교 신학 수립					
			구제 사역과 NGO 사역의 신학적 배경 수립					
	선교적 교회론 수립	선교사의 재정의	현장 중심(field 사역)과 본국 중심(home 사역) 선교사 정의 수립					
			다양한 선교사의 기능별 재정의					
		한국적 신학 정립과 선교적 교회론 수립	세계화에 따른 한국 교회 선교 패러다임 수립					
			한국교회의 선교 체질화를 위한 신학적 기반 수립					
	전방 개척 선교지 지역 연구	연구 기능 강화	연구 기금 조성					
			연구 인적 자원 개발					
			선교 분야별, 기능별 전문 연구소 설립					
		현장 연구 체제 수립	현지 선교사 리서치 기능 강화					
			연구 전문 사역자 파송 가속					
			협력 연구 체제 구축					
		연구 성과 활용 극대화	현장 연구 발표 통로 확보					
			연구 정보의 교환 및 유통 체계 수립					

동원

		활동	세부활동	2006	2007	2008	2009	2010
홍보/동원	한국 교회 선교동력화	연합 모임을 통한선교 동원 활성화	선교단체/교단 연합 캠프 개최					
			스포츠, 문화 예술 집회개최					
		교회학교 선교 동원	교회선교 공과 개발 도입					
			선교 여름 성경 학교 실시					
			교회학교 비전 트립 확산					

홍보/동원	활동		세부활동	2006	2007	2008	2009	2010
	한국교회 선교동력화	목회자 및 장년층 선교 동원	선교 중보기도 운동 확산	■	■			
			목회자 선교 세미나 개최	■				
			목회자, 직분자들 중심의 비전 트립 실시	■	■			
		종족,지역 입양 운동 확산	종족, 지역, 선교사 입양 세미나 개최	■	■			
			추천입양 종족, 지역, 선교사 자료작성 및 홍보	■	■			
	전문역역,대 상별다양한 선교동원	전문인 선교 동원	다양한 전문직 사역자 동원 운동	■	■			
			실버 미션 동원		■	■		
			비즈니스 선교 동원	■	■			
		한인 디아스포라 선교 동원	한인 교회 선교 자원 동원 활성화	■	■			
			유학생 자원 선교동원 운동확산		■	■		
			공사, 상사 주재원 대상 선교 동원 운동		■	■		
		국내 거주 외국인 디 아스포라선교 및 동원	외국인 근로자 선교별 동원 활성화		■	■		
			외국인 유학생 사역 및 동원			■		
			코시안 선교 및 동원 방안 모색					■
	선교지 동원 홍보	매스미디어 활용 전방 개척 선교지역 동원	영상을 활용한 동원 자료 제작	■	■			
			잡지, 연구지 등 문서 사역 활용	■	■			
		사이버 공간 활용을 통한 동원	개인 홈피, 동호회 활용 선교 동원	■	■	■		
			인터넷 선교 단체를 통한 전방 개척 선 교 동원 개발	■	■			
		전방개척선교지로의 비전 트립 활성화	전방개척선교지 비전 트립 특화된 프 로그램 개발	■	■			
			전문 여행사 개발	■	■	■		

훈련파송

훈련/파송	활동		세부활동	2006	2007	2008	2009	2010
	전방개척 선교지향 훈련시스템 개발	다양한 선교훈련 프로그램 개발	전방개척의 다양한 이슈들을 다루는 선교 훈련원 설립			■		
			전방개척 실용적 현장 기능 배양 훈련 프로그램 개발		■	■		
			교단선교부,신학교, 선교 단체의연합 선교 프로그램 개발			■	■	

	활동	세부활동	2006	2007	2008	2009	2010
훈련 / 파송	단기 선교사 파송	세대와 계층별 다양한 선교훈련 개발	평신도 전문인 선교사 훈련 효과적 커리 개발	■	■			
			지역교회에서 활용 가능한 선교 훈련 개발	■				
		단기 사역자 파송 가속화	선교 지역별 단기 사역의 기능 개발	■	■	■		
			다양한 단기 사역의 기능 개발	■	■	■		
		단기 사역자의 장기 선교사화 방안 개발	단기 사역자의 현지훈련 시스템 구축			■	■	■
			단기 사역자 관리 및 연장 교육을 통한장기 사역자화				■	

선교행정

	활동	세부활동	2006	2007	2008	2009	2010
선교 / 행정	선택과 집중을 통한 선교단체의 전문화	전방개척 R&D 투자증대	전방개척선교 연구 개발 활성화	■	■			
			전방개척 R&D 기금 조성과 활용	■	■			
		전방개척선교 전문 기구 육성	전방개척선교 전임 사역 기구 발족	■				
			인적 자원의 확보, 육성	■				
	멤버케어 시스템화	선교사 토탈케어 시스템 구축	현지 정착 지원 시스템 구축			■	■	■
			목회적 돌봄을 위한 체제 구축			■	■	■
			MK교육과 관리 시스템 구축	■				
		본부행정 시스템 강화	재정 관리 시스템 구축	■				
			효율적 행정을 위한 프로그램 개발	■				
			행정 스텝 전문화를 위한 세미나 및 훈련실시	■	■			

전략

	활동	세부활동	2006	2007	2008	2009	2010
전략	선교지 개척과 전문 기구육성	전방개척선교 지역 선정	권역,국가,지역,종족,기능별 전방개척 영역선정	■				

활동		세부활동	2006	2007	2008	2009	2010
전략	선교지 개척과 전문 기구육성	전방개척선교지역선정	사역지 결정 및 선교사 파송시 교려 가능하도록 표준화	■				
		선교단체 인큐베이션 시스템 구축	전방개척전략연구소 설립	■■■				
			지역별, 종족별, 사역별 전문사역단체 발족	■■■				
			선교 현지 중심 네트웍 강화	■■■■■				
	전방개척 선교전략개발	사역별 전방개척선교 전략개발	선교지 상황에 적합한 교회개척전략 개발	■■■■■				
			NGO및 비지니스 개발 사역	■■■■■				
			캠퍼스 사역 전략 개발	■■■■■				
		종교권별 전방개척 선교전략개발	이슬람권 전략 개발	■■■■■				
			불교,신도권 전략 개발	■■■■■				
			힌두권 전략 개발	■■■■■				
			공산권 전략 개발	■■■■■				
			카톨릭,정교회권 전략 개발	■■■■■				
			정령 숭배권 전략 개발	■■■■■				
		지역별 전방개척선교 전략개발	G1 지역 전략 개발(GM: 일반선교)	■■■■■				
			G2 지역 전략 개발	■■■■■				
			F1 지역 전략 개발(FM:전방개척선교)	■■■■■				
			F2 지역 전략 개발	■■■■■				
			F3 지역 전략 개발	■■■■■				

지원분야

활동		세부활동	2006	2007	2008	2009	2010
지원분야	통합지원 시스템구축	분야별 전문 위원회 활성화	분야별 전문 위원회 조직구성	■				
			각 분야별 전략 회의 및 세미나 개최	■■				
		선교신용평가시스템 구축	기능별 선교 신용 평가 기구 구성과 활용	■				
			신용 평가 실시의 제도화		■			
		선교 데이터베이스 구축	각 단체별 정보 수집 및 가공		■■			
			정보 공유 활성화를 위한 협력 체제 구성	■■■				

		활동	세부활동	2006	2007	2008	2009	2010
지원분야	인적, 물적 자원 지원 협력 체제 구축	선교 기금 공동 구축	공동기금운영(MISSION BANK, 선교 협동조합)					
			단체별 비상복지 기금 마련					
		선교사 케어 시스템 공동 구축	메디컬 케어(건강검진, 질병관리, 심리 상담)					
			선교사 안식관 운영 대책 수립					

5. 제언

1) Target 2030과 관련하여

Target 2030 마스터플랜과 관련하여 다음과 같은 제언으로 기획 연구보고를 마무리하고자 한다.

첫째, 한국선교의 미래 5대 과제로 도출된 부분에 대한 충분한 논의와 합의의 과정이 필요하다. 현재 한국교회와 선교계 지도자들의 공론과 협의를 거쳐 핵심과제들이 도출되어야 공통된 인식을 기반으로 한 미래 한국선교 25년 기획이 가능하기 때문이다.

둘째, 전방개척선교가 미래 한국선교방향에 부응하는 전략으로 더 재구성될 수 있도록 내용이 심화되어야 한다. 우선 전방개척선교에 대해 한국교회와 선교사들의 이해를 증진시키고, 오해를 줄여야하므로 정의와 영역, 토대에 있어 건설적인 제안과 비평, 실제 적용 등 다양한 논의와 토론이 되어야 종합적인 합의를 도출할 수 있을 것이다.

셋째, 미래 25년을 위한 한국선교 시스템 구축을 위해 우선적으로 6대 핵심역량 (이론 연구, 행정, 훈련, 동원, 전략, 지원체제)에 대한 시스템적 인식을 해야 한다.

넷째, KWMA와 26개 분야별전략위원회는 이후 한국선교 미래 25년 시스템과 컨텐츠 부분을 더욱 내실 있게 구축하고 실제화 해나갈 수 있도록 후속적인 활동을 전개해야 한다. 그러기 위해서는 KWMA와 분야별전략위원회간 상호 지원하고 협력하는 상생의 모색과 실천이 필요하다.

2) 최근 한국선교의 동향적 특성 및 상반된 이슈제기와 관련하여

첫째, 협력과 다양성의 기반 위에 Target 2030이 실행되어야 한다. Target 2030은 어느 한 단체 혹은 기관에서 실행할 수 있는 것이 아니다. 이런 점에서 방콕포럼, 설악포럼, 전방개척 네트웍 등을 위시한 위의 사례들은 미래 한국선교의 질적 발전을 위한 좋은 사례가 되고 있다.

둘째, 다양성이 '자기세력화'하여 '선교의 백가쟁명' 혹은 '한국선교의 사사 시대적 현상'을 초래해선 안 된다. 한국선교의 다양한 주체들은 KWMA라는 한국선교의 대표적인 연합의 장(場)을 더욱 선용, 주인 의식을 가지고 함께 이끌어나가는 것이 중요하다. 현재 약진하고 있는 다양한 신세대 지도자들의 경우 기존 선교계의 1, 2세대 선임 지도자들과 함께 어우러져 미래를 전략적으로 기획하고, 도전하는 한국선교를 제안한다.

셋째, 중요 포럼이나 회의에서 동일한 문제 제기 수준에서 그치거나, 그 이슈와 논의가 반복 혹은 중복되고 있는 현상의 한계를 극복해야 한다. 2000년 이후 등장한 각각의 다양한 장(場)들이 한국선교의 우선적인 과제 해결과 발전을 위해 태동되었으면서도 실제 문헌자료나 논의 내용을 보면, 그 결과가 아직 기대에 미흡한 부분이 있다. 그 이유로 한국선교의 다양한 실제를 구성하고 있는 지도자들의 자질과 역량 개발 문제를 우선 들 수 있다. 이는 한국선교의 제1세대 지도자인 조동진 박사를 위시하여 여러 선교지도자들이 직접 제기한 것이기도 하다.

넷째, 선교의 공적 기구인 KWMA와 많은 사적 기구들이 차세대 지도자들에게 이원화, 양극화로 오해되지 않도록 노력이 필요하다. 주지하고 있듯이 한국선교의 방향과 전략적 주안점에 대해 KWMA와 사적 전문 기구들이 한국교회를 동원하고 도전하는데 많은 '다름' 과 '차이' 를 보인다. 이런 '다름' 과 '차이' 는 오히려 전체 한국선교계로 하여금 진정한 의미의 정반합(正反合)의 작용을 하면서 "모든 곳으로부터 모든 곳으로의 선교(from everywhere to everywhere)"의 의미를 진지하게 고민할 수 있도록 기여하고 있다. 다만 '다름과 차이' 가 미래 한국선교를 함께 기획하고 모색하는데 장애가 되어선 안 된다. 미래 한국선교는 서구와의 연합도 중요하지만, 더 중요한 것은 한국선교의 진정한 연합과 동반자적 협력이기 때문이다.

다섯째, 한국선교는 청년기로서 이중적 도전 과제인 선교의 양적 질적 발전의 균형을 위해 애써야 한다. 우선 선교의 양적 부분에서 한국교회의 선교활성화 과제와 목회자 중심의 파송 구조 변화를 위해 다양한 선교 인적 자원을 선교사로 계속 동원하고 확산하는 것에 집중 투자할 필요가 있다. 이와 동시에 한국선교의 올바른 미래를 위해서 그동안 과거 25년간 노정된 문제인 '질' 적 성장에 해당하는 미래 한국선교의 전략적인 선교 방향 제시와 선교 시스템과 컨텐츠의 구축이 시급하다. 이 부분은 기획보고서의 해당부분에서 구체적으로 다룰 것이므로 이를 기초로 하여 향후 더욱 더 구체적인 논의와 실천적 발전으로 이어지길 기대한다.

참고문헌

- 강승삼. "한국교회선교현황분석과 전방개척선교의 방향". 『한국교회의 새로운 도전 전방개척선교』. 강승삼 편. 서울: 한선협. 2005.

- 랄프 윈터. "전방개척이란 무엇인가?". 『한국교회의 새로운 도전 전방개척선교』. 강승삼 편. 서울: 한선협. 2005.

- 알란 존스. "전방개척선교운동과 미전도종족집단 사고". 전방개척선교저널3호 2006년 3, 4월호.

- 조동진. "한국 선교운동의 역사적 추세와 전방". 『NCOWE IV 제1차 Pre—Con-sultation 자료집』. 2005.

- 사무엘 에스코바. "세기의 전환기에서 본 글로벌 시나리오". 김동화·문상철·이현모·최형근 역. 『21세기 글로벌 선교학』. 윌리엄 D. 테일러. 서울: CLC. 2004.

- 켈리 오도넬 편집. 『선교사 멤버케어 세계적 관점과 실천』. 최형근·송복진·엄은정·이순임·조은혜 역. 서울: CLC. 2004.

- 방콕선교포럼위원회. 『한국 선교와 책무』. 서울: 혜본. 2006.

- 강승삼 편집. 『한국세계선교 행정과 정책 자료집』. 서울: 한선협. 2004.

- 패트릭 존스톤 & 제이슨 맨드릭. 『Operation World』. 죠이선교회 역. 서울: 죠이선교회출판부/WEC International. 2003.

- 챨스 반 엥겐. 『미래의 선교신학』. 박영환 역. 서울: 바울. 2004.

- 김성원. 『미얀마의 이해』. 부산: 부산외국어대학교출판부. 2002.

- Paul Hattaway. 『Operation China』. California: William Carey Library. 2000.

- 공병호. 『10년 후, 한국』. 서울: 해냄. 2000.

- 한국국방연구원. 『2025년 미래 대예측』. 서울: 김&정. 2005.

- 이상돈. 『세계의 트렌드를 읽는 100권의 책』. 서울: 기파랑. 2006.

- 이어령. 『디지로그』. 서울: 생각의 나무. 2006(재판 3쇄).

- 제임스 M. 필립스 & 로버트 쿠트편. 『선교신학의 21세기 동향』. 한국복음주의신학회 선교분과회 편역. 서울: 이레서원. 2001.

- 김위찬·르네 마보안 저. 『블루오션전략』. 서울: 교보문고. 2005.

- 김영한·김종원. 『블루마켓을 찾아라』. 서울: 크레듀. 2005.

- 백원담. 『동아시아의 문화선택 한류』. 서울: 펜타그램. 2005.

- 이우윤. "중국복음화 예측모형과 선교전략적 의미". 중국대학선교회(CUM). 선교전략연구 자료.
- 정보애. "Target2030과 중국개척선교의 과제". 2006. 4. 합신 선교실제 강의자료.
- David B. Barrett·Todd M. Johnson, 『World Christian Trends, Ad 30−Ad 2200: Interpreting the Annual Christian Megacensus』, California: William Carey Library Publishers. 2001.
- NCOWE Ⅲ 광범위리서치팀. 『한국 선교현황에 대한 광범위 리서치 결과 보고서』. 2000.
- 한선협. 한국교회 세계선교 25년 평가와 향후 25년 전망에 대한 조사 자료집. 2005.
- UPMA. 미전도종족선교10주년 기념선교대회 자료집. 2003.
- 김경미. "자생적 교회개척을 위한 선교 현황 리서치: 미얀마 교회개척 전략을 중심으로". 종족과도시선교저널. 2004.
- KWMA. 제4회 한국선교지도자포럼 자료집. 2004.
- KWMA. 제5회 한국선교지도자포럼 자료집. 2005.
- 전방개척선교네트웍. 『전방개척선교』.
- 한국선교연구원. 한국선교현황 자료집 및 CD롬.
- 한국세계선교협의회. 『KMQ』.
- 종족과도시선교연구소(IMPAC). 『종족과도시선교저널』.
- 기독교한국침례회 해외선교회. 『제1차 침례교 선교지도자포럼』. 2006.
- 브리테니카 백과사전 CD GX.
- World Gazetteer. Population Figures for Cities, Towns and Places.
- 텍사스 대학 도서관의 지도 모음(UT Library Online−Perry−Castaneda Map Colletion−Maps.
- CIA The World Factbook.
- 베다니 프로파일 http://kcm.co.kr/mission/map/
- 여호수아 프로젝트 http://www.joshuaproject.net/
- UN 인구 예측 http://www.esa.un.org/unpp
- 대만 통계청 http://www.cepd.gov.tw
- 오픈도어즈선교회 http://www.opendoors.or.kr/

- 중국대학선교회(CUM) http://www.cum.or.kr/
- 중국선교연구원 http://www.inbora.com/

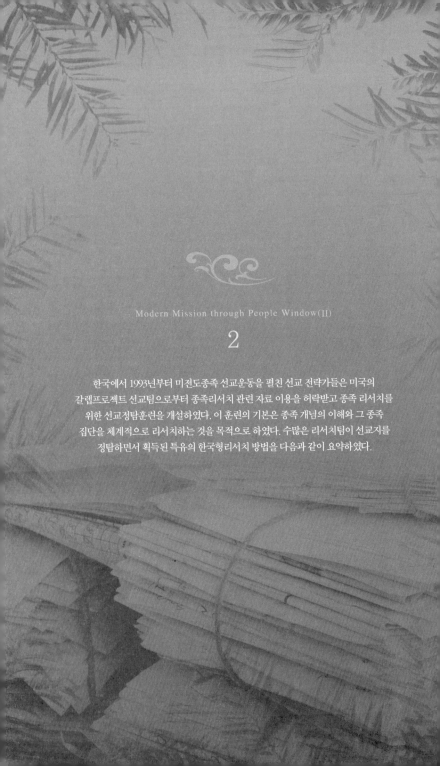

Modern Mission through People Window(II)

2

한국에서 1993년부터 미전도종족 선교운동을 펼친 선교 전략가들은 미국의
갤럽프로젝트 선교팀으로부터 종족리서치 관련 자료 이용을 허락받고 종족 리서치를
위한 선교정탐훈련을 개설하였다. 이 훈련의 기본은 종족 개념의 이해와 그 종족
집단을 체계적으로 리서치하는 것을 목적으로 하였다. 수많은 리서치팀이 선교지를
정탐하면서 획득된 특유의 한국형리서치 방법을 다음과 같이 요약하였다.

2
미전도종족 선교 리서치

1. 도입

만약에 사람들에게 전도나 교회개척이 영적인 일인가? 라고 하면 모든 사람이 그렇다고 대답할 것이다. 리서치와 연관된 같은 질문을 한다면 몇몇 사람은 고민하게 될 것이고 심지어는 사역에 대한 '세속적인' 접근방식이라고 생각하는 사람도 있을 것이다.

1. 리서치란 무엇인가?

제임스 엥겔은 리서치란 '의사결정을 위해 사용할 정보(사실적인)를 모으는 것' 이라고 했다. 성경은 분명히 '사실'(현실, 그것들이 실제로 그렇다)을 아는 것은 어떤 결정을 내리는데 매우 중요하다는 것을 지적하고 있다.

잠언 18장 13절 '사연을 듣기 전에 대답하는 자는 미련하여

욕을 당하느니라'(Living Bible), 사실을 알기 전에 결정하는 자는 어리석어 수치를 당한다. 격언 가운데 "당신이 계획을 세우는 데 실패하면, 당신은 실패를 계획하고 있다"는 말이 있다. 우리는 많은 경우 계획하더라도 정확한 사실에 기초하지 않는다. 그리고 평가가 없다.

2. 리서치 없는 선교의 문제점

1) 존 스토트 목사
성령을 우리의 게으름을 합리화하기 위해 사용하는 것은 경건보다 신성모독에 가깝다. 물론 성령 없는 우리의 모든 설명(방법)은 헛된 것이다. 그러나 이것은 성령이 함께 하실 때도 그것이 헛되다는 것은 아니다. 왜냐하면 성령께서는 그것들을 통해서 일하기 원하시기 때문이다.

2) 김활영 선교사
냉정하게 돌이켜 볼 때 현대 교단선교는 매우 한국교회적이었음을 보여주고 있다. 여기서 한국 교회적이란 말은 무원칙의 정책과 전략이라는 뜻이다. 그저 복음전파를 위해서 언제 어디서나 길이 열리면 나가고, 가려는 선교사면 파송하였으며, 접선이 닿는 일터에서 일을 시작하고, 그런 다음에 좀 더 잘 할 수 있는 방안이 무엇일지를 생각도 해 보고 의논도 하는 식이었다고 볼 수 있다. 선교사 파송자체가 목표요 그 다음은 선교사가 알아서 하는 식이었다. 여기에서 일관성 있는 정책과 전략을 찾을 수 없다는 의미이다. 한국선교의 문제 중 하나가 방임의 문제이다.

주님께서는 천기를 분별하듯이 이 시대를 분별하라고 하시면서 (눅 12:57) "어찌하여 옳은 것을 스스로 판단치 아니하느냐?" 라고 도전하신다.

3. 리서치의 성경적 예들

하비 콘 박사는 우선 하나님은 계획을 세우신다는 점에 주목한다. 그는 그의 아들의 희생을 통해서 수많은 사람들을 구원할 은혜의 계획을 세우셨다(엡 1:4-5, 11). 미전도종족에게 구원의 복음을 전하기 위해 하나님께서는 아브라함과 그의 후손을 사용하실 계획을 세우셨다. 계획하시는 하나님의 형상을 받은 우리는 우리의 계획 속의 그러한 성스러운 성품을 반영할 수 있다.

1) 민수기 13-14장

민수기 13장 1절에서 3절에는 모세가 12 정탐꾼을 팀을 이루어 그 땅을 탐지하기 위해 보낸 기사가 기술되어 있다. 17절에서 20절은 무엇을 어떻게 탐지해야 할지에 대한 지침을 말하고 있다. "그 땅의 어떠함을 탐지하라. 곧 그 땅 거민의 강약과 다소와 그들의 거하는 땅의 호불호와 거하는 성읍이 진영인지 산성인지와 토지의 후박과 수목의 유무니라"(18-20절) 현대적으로 표현하면 인구조사를 실시하고, 도시화와 산업화의 정도, 주된 생산물과 유통의 경로가 어떠한지, 어디가 전략적으로 중요한 거점인지를 조사하라는 것이다.

2) 느헤미야 2장 12-15절

밥 웨이마이어는 '느헤미야는 위대한 하나님의 사람일 뿐 아니라 기술적이고 철저한 리서처였다' 라고 한다. 그는 바벨론에서 예루살렘과 그 남은 유대인들에 대한 정보를 받은 후에 예루살렘성 중건의 비전을 품게 되었다. 이것을 품고 도시를 리서치 함으로써 예루살렘 중건의 전략을 마련하였다.

3) 사도행전 17장

바울은 주어진 명령을 수행하기 전에 아덴을 참여관찰하고 자료를 수집 분석하였다. 그 후 '이름 없는 신에게 바친 제단'을 접촉점으로 하여 그의 설교를 진행시킨다.

4. 리서치의 신조

1) 리서치는 소망을 지향해야 한다.

이른바 '사단적인 비관주의' 를 배제해야 한다. 여호수아와 갈렙 을 제외한 10명의 정탐꾼은 이것에 사로잡혀 있었다.

2) 리서치는 믿음의 행위여야 한다.

주님께서 미래의 주인이라는 것을 믿고 나아가는 것이다. 믿음을 저버린 리서치는 때로는 재앙을 초래하기도 한다.

예를 들어 민수기 13장 끝 부분에는 이러한 정탐의 결과 다수의 정탐꾼들에게 약속의 땅 가나안을 정복하는데 부정적인 결과를 초래하였음을 보게 된다. "그러나 그 땅 거민(居民)은 강하고 성읍은 심히 클 뿐 아니라 거기서 아낙 자손을 보았으며"(민 13:28), "그와 함께 올라갔던 사람들은 우리는 능히 올라가서 그 백성을 치지 못하리라 그들은 우리보다 강하니라하고 이스라엘 자손 앞에서 그 탐지한 땅을 혹평하여 가로되 우리가 두루 다니면 탐지한 땅은 그 거민을 삼키는 땅이요 거기서 본 백성은 신장이 장대한 자들이며 거기서 또 네피림 후손 아낙 자손 대장부들을 보았나니 우리는 스스로 보기에도 메뚜기 같으니 그들의 보기에도 그와 같았을 것이니이다."(13:31-33)

정탐한 것과 관찰한 것이 중요한 것이 아니다. 보았던 것과 관찰한 것을 따라 믿음으로 순종하고 정복하느냐? 약속의 땅의 아름다움을 혹평하고 자신과 자신이 믿고 있는 하나님을 평가절하(平價切下)하고 스스로 메뚜기 콤플렉스에 빠지느냐? 가

자신과 이스라엘 공동체의 미래를 결정짓게 된 것이다. 이러한 10정탐꾼의 부정적이고 사기를 꺾는 보고와는 달리 13장 30절을 보면 "갈렙은 모세 앞에서 백성을 안돈 시켜 가로되 우리가 곧 올라가서 그 땅을 취하자 능히 이기리라"고 반응하였다.

또 다른 예로는 사무엘하 24장의 센서스 조사다. 그때 다윗의 죄악은 단순히 센서스라는 리서치의 실시에 있지 않았다. 센서스는 시내 산에서 행해진 적이 있으며(민1장), 40년간의 광야 생활 끝에도 하나님의 심판을 받지 않고 한 번 더 실시되었다(민26장). 문제는 그것이 믿음에 기반을 두고 실시되지 않은 리서치라는 것에 있다. 하나님에 대한 다윗의 믿음은 퇴색되어졌으며 자족감은 만군의 여호와에 대한 그의 확신을 손상시켰다.

3) 리서치는 사역을 위한 첫 번째 스텝(step)이어야 한다.

그 의미는 우선 사역을 위한 응용연구가 되어야 한다는 것이다. 리서치를 통해 연구 대상 지역의 필요를 포괄적으로 파악한 후, 우리가 가진 자원을 어떻게 활용할 수 있으며, 어떤 자질을 가진 개인 혹은 팀이, 어떻게 접촉점을 마련할 수 있을지, 얼마나 오랫동안, 어떠한 전략으로 특정 집단을 복음화하는 교회 설립 전략을 마련할 수 있을 지를 도출해 내어야 한다.

4) 리서치는 우리로 하여금 꿈을 꾸도록 격려해야 한다.

리서치의 목적은 'envisioning'에 있다. 리서치는 사역의 결과를 미리 그려보도록 해야 한다. 이른바 예견이란 성경에 기초하고 연구정보에 근거하고 충분한 기도로 빚어진 가설을 발전시키는 것이다.

5) 성령의 인도하심에 민감해야 한다.

그분께서 우리의 연구를 이끄시도록 마음을 내어놓아야 한다. 성령의 자유는 하나님의 의도를 닮기를 추구하는 사람들에게조차도 계획하기 어려운 측면이 있다는 것이다. 잘 세워진 선교의 전략도 수정될 수 있으며(행16:6-7), 잘 세워진 방문계획도 연기될 수 있다(롬15:23-28). 그래서 연구를 통한 계획은 가설적 계획이다.

2. 미전도종족 선교를 위한 모형

미전도종족 집단의 복음화를 위하여 효과적으로 사역하기 위해〔그림1〕과 같은 종족집단 사역의 한 모형을 제시한다. 미전도종족 연구를 바탕으로 종족자료를 수집하여 가공과정을 거쳐 정보를 만들어서 이를 가지고 선교사역을 위한 전략과 전술을 세워야 한다. 전략과 전술이 확정되면, 이에 따라 선교사역을 수행한 후 평가를 한다. 평가내용을 분석해서 더욱 효과적으로 선교사역을 진행하기 위해 미진한 부분을 다시 연구하게 된다.

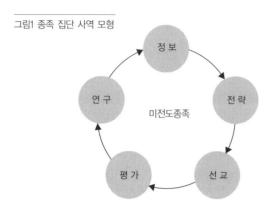

그림1 종족 집단 사역 모형

정보

연구

전략

미전도종족

평가

선교

1. 연구

미국 초등학교 2학년의 과학과제 내용이다. 우선 초등학생이 연구주제, 연구질문, 연구가설 그리고 연구실험 내용 등에 관한 계획서를 작성하여 제출하면, 선생님이 검토하여 타당하다고 판단되면 승낙하여 계획서를 돌려준다. 학생은 선택한 연구주제에 관련된 참고 문헌 등을 동네의 도서관에서 빌려와 참조하며 한 달 동안 실험과정을 부모의 안내와 함께 진행한다. 연구실험이 마무리되면 연구 질문에 답을 쓰고, 연구가설을 실험 결과에 근거하여 진위를 결정한다. 그리고 실험내용들을 정리하여 테이블, 그래프 등으로 표현한다. 아울러 결론을 유도하고 이 결론을 다른 영역에까지 적용하여 본다. 마지막으로 보고서와 발표문을 작성하여 학교에 가서 전시하고, 다른 학생들

앞에서 20분간 발표한다. 외부기관이 학교를 방문하여 전시물을 평가하여 시상하고, 발표 내용은 선생님이 평가하여 그 결과를 부모에게 알려준다. 미국의 힘, 미국의 경쟁력이 바로 여기에 있다. 한 나라, 한 기업, 더 나아가 한 개인이 발전하려면, 또한 한 분야가 진보하려면, "연구"라는 기반구조가 건실하고 튼튼해야 한다. 창의력을 신장시키는 연구에 대한 투자 없이는 모든 생산물은 모방에 그치며, 따라서 리더가 될 수 없다. 이 개념은 예수 그리스도를 전파하는 선교분야에도 그대로 적용이 된다.

미전도종족 집단의 복음화를 위한 선교사역을 하기 위해서는 먼저 선행되어야 할 행위는 미전도종족에 대한 연구가 진행되어야 한다. 그러면 연구는 어떻게 하여야 하는가? 우선 연구제안서를 다음 〔그림2〕와 같은 과정을 거쳐 작성한 다음에 일정에 따라 여러 연구 활동들이 수행된다.

그림2 연구제안서 산출과정

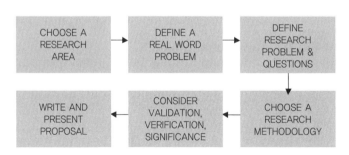

제 1단계는 연구영역 선정이다. 우선 선교 분야에서 관심이 있는 영역이 무엇인가를 열거해 본다. 흥미가 있는 영역에 대해 어느 정도 지식을 가졌으며, 훈련을 받았으며 전문가인가를 자문한다. 또한 그 영역과 관련된 자료, 연구동향, 연구하는 기관, 연구자에 관해서 조사, 접촉이 가능한가를 알아본다. 이러한 세 가지 질문을 중심으로 연구영역을 선정하게 된다.

제 2단계는 선교영역에 관련된 규명이다. 선정된 연구영역에서 선교의 문제는 무엇이며, 왜 그것이 문제가 되며, 그리고 그것이 문제라고 어떻게 인식할 수 있는가를 질문하여 본다. 아울러 이러한 선교 문제를 해결할 때 얼마나 중요한 의미를 지니면서 성장과 발전에 공헌할 수 있는가를 생각해 본다.

제 3단계는 연구문제와 질문들을 작성한다. 연구문제를 도출하여 정의할 수 있는가? 이 연구문제는 여러 방법들을 적용해서 해결할 수 있는가를 고려한다. 그리고 연구 질문들은 무엇인가? 연구 질문들에 답할 수 있다면 제기된 연구문제들은 해결할 수 있는가를 판단해 본다.

제 4단계는 연구 방법론을 선택한다. 연구 질문들에 어떻게 답할 수 있는가? 무엇을 측정할 것이며 또한 계량화시킬 수 있는가? 자료들을 수집하기 위해서 어떠한 방법론을 이용할 것인가? 또한 이 분야의 전문가를 만날 수 있는가? 그리고 이 연구가 적절한 시간 내에 제한된 비용을 가지고 수행할 수 있는 타당성을 지녔는가? 위와 같은 내용들을 고려하여 연구 방법론 즉 연구방법과 설문지와 같은 테크닉을 선택한다.

제 5단계는 정당성, 정확성, 의미성을 고려한다. 이것은 연구방법론이 올바르게 적용되었는가를 어떻게 알 수 있는지, 연구결과가 올바른가를 어떻게 알 것인지, 연구결과의 중요성, 적용성, 함축성, 일반성을 어떻게 전개할 것인지에 대한 것이다.

위에서 언급한 다섯 단계에 속한 여러 물음에 관하여 정리된다면 연구 제안서를 작성하여, 선교기관 혹은 지역/파송 교회에 제출한다. 〔그림3〕은 연구 제안서에서 언급되어야 할 항목들을 보여준다. 연구제안서는 비용, 일정, 기술, 공헌 측면에서 타당성이 평가된 후, 연구진행의 가/부를 결정하게 된다. 연구진행이 결정된 연구 제안서에 따라 선교자원들을 투자하게 된다. 단순히 믿음과 열정, 혹은 경험만을 가지고 선교사역을 할 수는 없는 시대이다. 연구제안서와 연구보고서로 구성되는 연구 사역이 활성화되고, 투자되어야만 선교사역은 효과적으로 이루어지며, 21세기의 한국 선교계의 역할을 감당할 수 있는 것이다. 이러한 선교연구가 이루어지지 않는다면 선교 중복투자는 계속 이어지며 제자리걸음으로 정체되어질 것이라고 예견된다.

그림3 연구 제안서에 포함될 항목 예시

Rdsearch Proposal

연구주제(Topic)	연구범위(range)
연구배경(background)	연구동향(trend)
연구목표(objective)	연구계획(plan)
연구문제(problem)	연구예산(budget)
연구방법(methodology)	연구조직(organization)
연구내용(design)	참고문헌(reference)
연구방법(contribution)	

2. 정보

설계된 연구 제안서에 따라 미전도종족을 연구하게 되면서 수집된 종족자료들을 분석하여 연구보고서를 작성한다. 아울러 종족프로파일, 도시프로파일, 기도자료 및 동원자료 등도 연구를 마치면서 산출된다. 이러한 결과물들이 선교정보라 할 수 있다.

정보라는 개념과 그 역할에 대하여 살펴보자. 정보사회의 주체가 되는 '정보'와 정보의 기본이 되는 '데이터' 간의 정확한 구분과 특징을 잘 알아야 한다. 데이터란 ① 정보의 자원이며, ② 관찰이나 측정을 통해서 인지된 사실, ③ 정리되지 않은 자료를 의미한다. 정보는 시시각각으로 변하는 일을 우리가 알기 쉽고 이해하기 쉽게 가공, 처리된 데이터를 의미하는 것으로 ① 기준에 의거하여 정리되고 기록된 데이터, ② 판단을 필요로 하는 상황에서 의사결정의 근거가 되는 자료, ③ 일정한 형태로 표시된 자료의 집단이다. 정보라는 자원은 다른 인적, 물적, 금전적 자원처럼 비용이 들고, 가치가 있으며 통제가 되어야 한다. 유형 자원과 다른 점은 정보자원이 비소비재, 비이전성, 누적 효과성 등의 속성을 가지고 있다는 것이다.

미전도종족에 관하여 수집된 자료들은 데이터를 의미하며, 이러한 데이터를 연구목표에 맞게 분석, 편집, 요약, 발췌, 정리 등과 같은 가공활동을 거쳐 선교정보로 만든다. 〔그림4참조〕

그림4 선교정보 창출과정

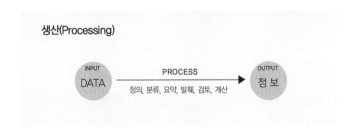

제한된 선교자원(인적, 물적, 금전적 자원)을 효과적으로 어떻게 종족 선교사역에 할당할 것인가에 관한 의사결정이 선교정보가 없는 불확실한 상황 하에서 이루어지면 완전히 자원 낭비가 될 것이다. 그러나 정확하고 신뢰할 만한 미전도종족 정보를 가지고 자원들을 투자한다면 복음화는 빨리 이루어질 것이다. 따라서 선교정보의 양에 따라 미전도종족 선교 상황이 〔그림5〕와 같이 세 분류로 나눌 수가 있는데, 많은 연구를 거쳐 정보를 창출하여 확실한 상황하에서 선교자원에 관한 의사결정이 이루어져야 할 것이다.

그림5 정보의 역할

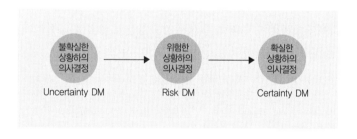

3. 전략

창출된 선교정보를 근간으로 해서 미전도종족 선교에 관한 전략을 도출해야 한다. 전략이란 선교활동의 전반적인 범위를 결정하고, 변화하는 미전도종족 선교 상황에 대처하는데 필요한 지침을 제공하는 것이다. 전략의 구성요소는 미전도종족, 선교업무영역, 그리고 선교자원이다. 미전도종족 포트폴리오는 종족 및 거주 지역, 그리고 이에 따른 부분 전략을 포함한다. 선교조직의 업무영역은 조직이 전체 업무 흐름 중에서 내부적으로 무슨 활동을 할 것인지 선택하는 것이다. 전략의 세 번째 요소인 선교자원 포트폴리오는 선교조직이 어떤 선교자원을 가져야 하며, 그 자원을 어떻게 확보해야 하는가에 대한 결정이다.

또한 전략과 밀접한 관계성이 있는 환경, 조직 및 자원측면에서 전략의 속성을 살펴 볼 수 있다. 우선 전략은 국가, 종족이라는 외부 환경의 요소와 적합성을 이루어야 하며, 그 다음으로 전략의 내용을 선교사/조직에 효과적으로 전달, 홍보하여 인식시키는 동시에 전략의 내용은 조직 구성원/선교사의 참여를 불러 일으켜야 한다는 것이다. 그리고 선교조직의 전략은 현재 소유하고 있는 선교자원을 효과적으로 활용하여 미래를 위한 자원의 축적을 효율적으로 이루어야 한다는 것이다.

전략이 방향성과 관계가 있다면 전술은 선교조직의 목표들을 성취하기 위해서 선교자원(인적, 물적, 금전적 자원 및 정보)들을 어떠한 방침들을 세워서, 어떠한 절차들을 거쳐서 확보하고 또한 그것들을 어떻게 선교사역 부문에 할당되어 사용하는가를 의미한다. 전술 형성은 미전도종족 내에 자전적 교회

설립이라는 목표에 초점이 맞춰져야 한다.〔그림6참조〕

그림6 전략/전술이 바탕이 된 미전도종족 선교

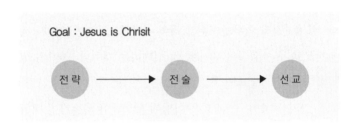

4. 평가

선교사역은 정기적으로 평가되어야 한다. 이를 위해서는 정성적인 항목 그리고 계량적인 항목들을 개발해야 한다. 또한 개발된 평가항목들이 포함된 평가도구를 설계해서 선교사역에 적용하여 본다. 예를 들어 미전도종족 입양 교회에서 미전도종족 개념이해, 전략, 조직, 홍보/동원, 지원/파송 부문에서 평가항목들을 만들어 면접과 설문조사를 통해 선교사역 전반적인 부문을 점검해 볼 수 있다. 조사된 평가내용들을 분석해서 선교사역의 취약한 부문이 무엇인가를 도출한다. 미전도종족에 관한 취약한 부문은 종족 연구를 통해서 그리고 다른 부문은 선교자원을 동원하여서 보강되어야 한다.

3. 미전도종족 선교 연구 방법

1. 현지조사법

1) 현지조사의 정의

현지조사는 경험연구를 지향하는 사회과학자들이 사용하는 사회연구형태의 하나이다. 이는 현지답사 혹은 현지연구, 질적 연구, 사례연구 그리고 민속지 작성 등으로 지칭되기도 한다. 이러한 연구방법은 전통적으로 사회인류학자들이 사용해 온 것이었는데 여기서 '현지(field)'라는 의미는 사람들 가운데 들어가 살면서 연구할 수 있는 비교적 작은 규모의 사회를 의미한다(Burgess, 1982). 현지 조사법은 연구자나 연구팀이 직접 현지에 가서 상당기간 살면서 자료 수집을 하고 이렇게 수집된 자료를 토대로 연구주제를 분석하는 연구방법을 의미한다. 따라서 이 방법은 현지에 가보지 않고 현지에 관한 자료를 분석하거나 단기적 체류를 통한 설문조사 방법보다는 그 현지사회를 관찰하고 사람들을 만나 직접 대화를 나누는 보다 생생한 자료를 구성할 것을 요구하고 있다.

그렇다고 현지조사가 어떤 별개의 사회과학적 연구방법을 의미하는 것은 아닌 것처럼 보인다. 예를 들어 하킴(Hakim, 1987)은 연구 설계 시 고려할 수 있는 연구조사방법의 종류로서 연구검토 및 이차적 분석, 질적 연구, 행정적 자료의 연구, 표본조사연구, 사례연구, 정기적 조사연구, 통시적 연구, 실험적 사회연구를 들고 있다. 그 가운데 현지조사는 제시되고 있지 않다. 현지조사는 '현지' 지향적인 연구형태로서 구체적인 연구방법으로서는 다양한 기법이 사용될 수 있다(김경동·이온죽, 1980).

2) 현지조사의 방법
– 주로 비체계적인 방법을 사용

현지조사가 비교적 '자연스러운 상황'에서의 연구를 지향하기 때문에 일반적으로 비구조적이며 비체계적인 방법을 강조하는 경향이 있다. 그렇지만 현지조사에서는 다양한 방법의 결합된 형태가 사용된다. 실제로 인류학적인 현지조사에서도 인구

	양적 연구	질적 연구
연구자와 대상의 관계	멀다	가깝다
대상과 연관된 연구자의 입장	외부자	내부자
이론/개념과 연구의 관계	확증	발현적
연구전략	구조화	비구조화
발견의 범위	법칙 정립적	현상 기술적
사회현실의 상	정적이며 행위자에게 외재적임	과정적이며 행위자에 의해 사회적으로 구성됨
자료의 성질	딱딱함, 믿을 만함	깊고 풍부함
구체적인 예	인구조사, 설문조사, 실험	참여관찰, 비구조적 면접

조사와 지도그리기, 가계 분석, 참여관찰과 인터뷰, 생활사분석, 체계적 관찰, 체계적 면접과 설문조사, 심리적 실험 등의 방법이 사용되고 있다(Edgerton, Robert B. & L. L. Langness, 1974).

– 양적방법과 질적 방법의 비교

현지조사에 사용되는 방법을 크게 보아 양적 방법(연구)과 질적 방법(연구)으로 구분할 수 있다. 각각의 방법은 나름대로의 특징과 장단점을 지니고 있다. 다음의 표에는 두 가지 기법의 특성과 예가 제시되어 있다.

– 다양한 방법을 혼합하는 이유

이렇게 현지조사 시 다양한 방법을 선택하고 혹은 혼합하여 사용하는 이유는 무엇인가? 그것은 각 방법론이 지니는 이점을 이용하기 위한 것이다. 우리는 가능한 한 현실의 실제의 모습 그대로 가장 생생하게 반영하고(질적 연구의 장점), 이와 동시에 보다 신뢰할 만하고 일반화할 수 있는(양적연구의 장점) 연구결과를 얻는 것이 이상적 목표일 것이다. 이를 위해서 위에서 언급한 것과 같은 다양한 방법을 이용하는 것이 좋다. 더 나아가 어떤 학자는 연구 방법 뿐만 아니라 연구자, 자료, 그리고 이론의 다양화를 꾀해야 한다고 주장하였다 (Bryman, 1988).

2. 과학적 조사를 위한 방법론 이슈

성공적인 연구란 무엇을 의미하는가? 어떤 면이 잘 이루어 졌을 때 성공적인 연구라고 할 수 있는가? 사회과학에서는 신 뢰도와 타당도, 그리고 대표성과 일반화를 지향하는 연구가 성 공적이라고 말하고 있다. 그러면 그러한 개념들의 의미를 살펴 보자.

1) 신뢰도와 타당도의 문제
- 개념

우선 각 방법론을 신뢰도와 타당도라는 개념을 기준으로 평 가해 볼 수 있다. 타당도라는 것은 어떤 방법 혹은 측정이 현실 을 그대로 반영하는 정도를 의미하며 신뢰도는 그 방법 혹은 측정이 다른 시기에 다른 연구자에 의해 실시되어도 동일한 결 과를 얻느냐 하는 것이다. 예를 들어 어떤 교회에서 대중문화 의 영향을 측정하기 위해 설문지를 사용했다고 하자. 질문을 지난달에 TV를 몇 시간 보았는가 라고 할 수 있을 것이다. 그 런데 이런 방법은 타당도가 의심된다. 즉 보수적인 교회를 다 니는 응답자일 경우 자신의 시간을 축소해서 말할 가능성이 있 다. 게다가 지난달의 일을 정확하게 기억하기는 힘들다. 또한 이러한 질문을 반복적으로 하더라도 기억이 불명확하기 때문 에 일관적인 대답을 얻어내기가 어렵다.

위의 예는 양적방법(설문지법) 내에서 신뢰도와 타당도의 문제가 제기될 수 있음을 보여주고 있지만 질적 방법 가운데서도 타당도와 신뢰도의 문제가 제기된다. 우선 타당도의 문제를 살펴보자.

– 타당도의 문제

참여관찰과 인터뷰와 같은 방법은 연구자가 자신의 개인적인 편견을 가지고 조사에 임할 수 있다는 점이다. 또한 너무 깊이 현지인과 접촉하다보면 현지인과 동일시되어 조사자로서의 객관적인 관점을 잃을 수도 있다. 한편 연구자가 현지인과 접촉함으로서 조사대상자의 반작용을 일으킬 수 있어서 편차가 발생할 수 있는 것이다. 위의 예를 들어본다면 신자가 TV를 보는 것에 대한 비판적인 관점을 가지고 있는 사람이던지 혹은 반대로 그것을 즐기는 사람이 조사를 할 경우에 자료수집과 분석에 왜곡이 발생될 수 있다. 또한 혹시 보수적인 담임목사님이 질문을 할 경우에는 상당히 축소해서 답변할 가능성이 크다.

– 신뢰도의 문제

그리고 신뢰도의 문제를 보면, 현지연구란 대부분 단독적으로 이루어지는 것이어서 상당히 주관성이 강하기 때문에 신뢰도를 측정하기가 어렵다. 한 연구자가 TV보는 것을 관찰하는 것하고 다른 연구자가 관찰하는 것이 틀릴 가능성이 크다. 일반적으로 말해서 양적 방법은 신뢰도가 높은 반면 타당도가 낮고 질적 방법은 타당도가 높은 반면 신뢰도가 낮다고 할 수 있다. 설문조사와 같은 양적방법은 측정자의 자의성이 개입될 여지가 적고 여러 시기에 반복적으로 측정한다 하더라도 동일한 결과를 얻을 수 있는 반면 참여관찰법과 같은 질적 방법은 연구자간의 개인의 시각차가 연구결과에 큰 영향을 미치고 동일한 관찰의 결과가 항상 다르게 나타날 수 있다.

- 신뢰도와 타당도를 높이는 방안

어떻게 하면 연구자의 주관성을 줄임(신뢰도를 높임)과 동시에 현실을 그대로 반영하는(타당도를 높임) 자료를 얻을 것인가? 신뢰도를 높이기 위한 방법으로서 우리는 연구자의 자의성과 주관성이 배제될 수 있도록 연구기법의 구조화 혹은 표준화와 측정의 양화를 지향한다. 한편 타당도를 높이기 위해서는 될 수 있는 한 비구조화 된 방법으로 자연스러움 속에서 자료를 얻어내려고 한다. 이 두 가지 방법론적 지향은 서로 간에 대립되면서 서로 보완적이다. 현지상황에 맞게 최대한의 타당도와 신뢰도를 가지도록 현지조사를 이끌어가는 것, 그것이 현지 연구자의 기술이다.

2) 대표성과 일반화의 문제
- 문제의 내용

센서스와 같이 한 국가나 사회 내 모든 사람들을 대상으로 한 전수조사의 경우를 제외하고 우리는 제한된 사람들을 대상으로 한 연구를 통해 전체 사회의 모습을 이해한다. 그런데 문제는 한 집단의 연구를 전체를 대표하는 것으로 어떻게 인정할 것인가? 다시 말하면 연구결과를 일반화시킬 수 있는가? 그것을 완벽하게 보장할 수는 없다. 이 문제를 해결하는 방법이

① 통계학적 표집과
② 다른 사회 간의 비교방법이다.

다시 말해서 과학적으로 표본을 추출하여 조사한다면 이 결과는 통계학의 도움을 빌어 전체를 대표하는 것으로 간주할 수 있다. 또한 한 사회의 결과를 다른 사회와 비교하여 어떤 공통점과 차이점을 이끌어낸다면 우리는 보다 일반화된 결론을 얻을 수 있는 것이다.

– 통계학적 표집과 맥락적 자료

통계학적 표집을 위해서는 우선 조사대상 모집단의 목록인 표집 틀이 필요하다. 여기에서 표본을 선택하게 된다. 그리고 표집을 하는 방법은 확률표집과 비확률 표집이 있다. 표본의 대표성을 높이는 방법은 완전한 표집 틀을 가지고 확률표집을 하는 것이다. 그러나 표집 틀이 불완전하거나 소규모 질적인

조사에서는 비확률적인 표집형태가 사용된다. 현지조사에서
는 대규모 설문조사처럼 표집 틀을 확보하여 조사하는 형태가
이루어지지는 않으며 간단한 센서스조사의 전수조사형태 혹은
인터뷰대상자들에 대한 비확률적인 표집형태를 가지게 된다.
우리는 비확률적인 표집을 하면서도 최대한 표본이 편중되지
않도록 주의를 기울여야 한다. 이를 위해서 가장 좋은 것은 전
체 집단에 대한 완전한 표집 틀은 아니더라도 대략적인 표본의
특성을 파악할 수 있어야 한다. 예를 들어 조사할 사회의 성별,
연령별, 직업별, 계층별 구성을 알 수 있으면 보다 대표성이 있
는 비확률적 표집을 할 수 있다. 이러한 표본의 특성을 제시해
주는 자료를 우리는 맥락적인 자료라고 부른다. 맥락적인 자료
는 조사 대상 사회에 대한 정부의 통계자료라든지 사회과학자
들의 연구결과를 참조함으로써 얻을 수 있다.

3. 선교 현지 연구의 과정

- 현지조사 과정

선교 현지조사의 과정은 시간적인 순서에 따라 준비, 착수,
현지작업 그리고 철수 및 완결의 4가지 단계를 거친다고 할 수
있다(김경동·이온죽, 1989). 아래의 그림은 사회과학의 경험적
연구절차에 따라 현지연구의 과정을 제시한 것이다. 현지연구
의 준비 작업은 연구대상과 연구문제를 설정하고 연구를 위한

성경적 선교학적 이론의 기초를 다지며 구체적 현지연구진행을 위한 연구 설계 및 사전문헌조사를 통한 연구항목의 확정의 단계로 구성된다고 할 수 있다. 착수의 과정이란 현지일정을 확정하고 팀웍을 가다듬으며 현지의 선교사나 주요 정보제공자의 협조가운데서 구체적으로 현지조사에 착수하는 것을 의미한다. 또한 현지작업이란 자료수집과 기록을 하는 것이고 철수 및 완결은 자료정리와 분석 그리고 보고서 작성 및 발표하는 것까지를 의미한다.

- 연구문제 및 연구대상의 설정
- 선교학적 자료수집 및 정리
- 문헌자료 수집 및 정리
- 연구 설계
- 현지자료 수집
- 자료정리 및 분석
- 보고서 작성 및 발표

4. 현지조사의 방법

1) 연구문제 및 연구대상의 설정

연구를 구체적으로 계획하기에 앞서서 우선 연구 문제를 확실히 할 필요가 있다. 연구문제는 보통 연구목적에 따라 달라진다.

- 선교연구의 목적과 다양성

우리의 연구목적은 '선교'에 있으며 선교 현지연구는 ① 사역대상의 선정 ② 그들을 이해하고, 그들의 필요를 발견하고 접근하는 법 ③ 사역을 평가함에 도움을 준다(Greenway & Monsma, 1989).

이러한 선교연구는 ① 지리학적 연구 ② 민속학적 연구 ③ 전략적 연구로 구분 할 수 있다. 이 연구들은 모두 현지조사를 필요로 하지만 그 깊이나 기간은 ①에서 ③의 연구로 갈수록 심화된다고 할 수 있다.

- 지리적 연구

지리적 연구는 미전도종족이 위치한 지역의 간단한 역사, 지리, 정치, 경제 등의 상황을 파악하는 것이며 구체적인 현지조사가 없이도 문헌자료를 통해 어느 정도 완성할 수 있는 연구이다. 그리고 현지조사의 수준도 현지방문이나 답사의 성격을 지니게 될 것이다.

- 민속학적 연구

민속학적 연구는 종족이 사는 지역에 들어가서 그들의 삶을 관찰하고 이야기를 나누면서 그들의 사회와 문화에 대한 총체적인 지식을 얻는 것을 의미한다. 선교정탐의 프로화일작성은 이 연구에 해당한다. 작성하는 프로화일의 깊이에 따라서 짧게는 한 주간에서 길게는 몇 년간의 연구를 진행할 수 있다.

– 전략적 연구

전략적 연구는 구체적으로 사역을 시작하기에 앞서서 사역의 착수와 연관된 필요한 정보를 수집 분석하는 것이다. 이 연구는 앞의 두 연구형태보다 구체적이고 세부적인 연구목표를 지니게 될 것이다. 따라서 ①에서 ③의 연구로 갈수록 연구결과가 선교지에서의 사역에 직접적으로 관계되는 경향이 많다.

– 연구대상의 선정 시 주의점

연구의 대상은 각 선교단체나 교회 그리고 사역자 개인이 관심을 지니고 있는 미전도 종족이나 도시 내 종족집단이다. 그러나 이들을 선정하는데 있어서 그들에 대한 기존의 연구정도 그리고 사역이나 입양준비 등을 고려하여 될 수 있는 한 연구가 중복되지 않도록 해야 하며 시급한 연구를 먼저 착수할 필요가 있다. 이것을 위해서 기존의 종족프로화일을 검토하는 것이 필수적이다.

– 연구는 또한 사역자의 필요에 따라서 달라질 수 있다.

① 현지사역을 준비하는 사람의 경우: 그것도 여러 가지로 나눌 수 있다. 우선 본국에서 지리학적 연구를 실시하라. 어떤 종족으로 갈 경우, 현지에 정식으로 파송되기 이전에 민속학적 연구를 할 수 있다. 현지에 가서는 전략적 연구를 실시하라. 언어를 배우는 기간 동안에 이러한 조사를 실시하면 현지에 적응하는데,

그리고 언어를 실습하는데, 나중에 사역하는데 도움이 되는 정보뿐 아니라 사람을 만날 수 있어서 많은 도움이 될 것이다.

② 종족입양운동을 위한 자료(기도자료)를 위한 단기정탐과 종족정보의 수집: 단기팀은 훈련과 아울러 소기의 목적을 분명히 해야 한다.

③ 선교단체의 전략수립을 위한 연구: 연구프로젝트를 구성, 장기적인 안목으로 리서치를 할 필요가 있다. 어떤 지역에 사역을 착수하거나 사역을 안배하기 위한 목적으로. 일반적으로 사용할 수 있다. 선교단체마다 이러한 연구를 담당하는 기능적 집단이 있어야 하며, 만약에 그렇지 못할 경우 이러한 연구를 전문적으로 담당하는 선교연구기관을 범교단 및 선교단체에 걸쳐서 설립해서 프로젝트 식으로 협력연구를 할 수 있을 것이다.

④ 기타 목적을 위한 연구프로젝트: 현지의 특수한 목적에 의한 연구를 들 수 있다.

2) 선교학적 이론의 문제
선교학적 이론은 조사방향을 인도해 준다. 예를 들어 갈렙프로젝트의 연구는 도시 내 종족집단에 대한 연구로 초점 지워져 있다. 이 연구의 선교학적인 이론배경은 도날드 맥가브란의 '동질집단의 원리'와 '교회성장이론'이다. 교회개척을 필요로 하는 도시 내 동질집단을 발견하는 것이 이들 연구의 핵심주제 이다. 이러한 관점에서 결여 될 수 있는 것은 도시 내 사회적 필요에 대한 관심이다. 도시 내 사회적 필요(빈곤, 매춘, 범죄, 등)의 문제를 복음적으로 해결하는데 초점을 맞춘 연구가 있을 수 있다. 이러한 연구의 배경을 이루는 것은 복음의 사회적 측면을 강조하는 선교이론의 경향이다.

따라서 균형 잡힌 연구를 위해서라도 균형 잡힌 성경적 관점과 선교학적 관점을 지니는 것이 필요하다. 우리는 누구나 일정한 이론적 지향을 선호할 수밖에 없고 심지어는 그것을 성경적이라고 하여 고수하게 된다. 그러나 지나치게 편향된 이론적 지향은 한정된 연구의 틀을 형성시키게 되고 결국에는 일정한 부분을 보지 못하게 하는 맹점을 만들어 낼 수 있기 때문이다. 이론이 조사를 이끌기 때문이다.

3) 연구 설계의 고려점
– 현지조사의 제약조건
미전도종족 현지조사에는 몇 가지 현실적인 제약조건이 있다. 그것은 우선 ① 우리가 연구하려는 지역이 미전도종족이 위치한 지역이며 외국인들의 접근이 자유롭지 못한 곳이라는 것이다. 실제로 미전도종족이 위치한 지역은 대부분 선교사들의 접근이 제한될 뿐만 아니라 외국인들의 접근 자체가 제한적인 곳이 많다. 국가 내 소수종족이 위치한 지역일수록 낙후되어 있으며 많은 갈등과 문제를 안고 있어서 접근이 엄격하게 제한되어 있다. ② 연구자들이 사회과학자가 아닌 선교사나 선교관심자 즉 비전문가라는 점이다. ③ 혹시 연구자가 현지대학의 사회과학 분야에서 학생신분을 갖고 있다면 현지에서의 활동이 비교적 자유롭고 나름대로 현지에서의 연구협조도 원활할 것이다. 따라서 그는 비교적 다양한 연구방법을 사용할 수 있을 것이다. 그러나 여기서는 그러한 특수한 상황 보다는 현지에서의 연구협조가 없이 진행하는 상황을 전제하고 있다.

- 연구 설계의 전략

이러한 현실적인 전제를 고려한다면 우리는 현지 조사시 질적인 방법을 주로 사용하면서 제한적인 설문조사(예를 들어 인구학적 서베이)와 맥락적인 자료를 이용해서 보완하는 방법론적 전략이 적합하다고 생각한다. 여기서의 질적인 방법이란 바로 참여관찰법과 민속학적 인터뷰법을 의미한다.

현지연구는 현지의 사정에 따라 방법론적으로 유연성, 신축성, 개방성을 갖는다고 할 수 있다. 연구자가 현지상황조건에 대해 접촉하고 있고 따라서 이해가 가능하므로 질문의 항목이나 변수 혹은 지표의 내용을 현실에 맞게 수시로 변화시킬 수 있다. 더 나아가서 연구자는 연구진행중에 연구문제나 분석의 틀, 가설 등을 조정, 재구성할 수도 있다. 또한 출발이 잘못되었더라도 중도에서 큰 어려움 없이 수정할 수 있다.

4) 연구주제에 따른 연구항목/연구 질문의 작성
– 연구항목의 준비

우리는 실제 자료 수집에 들어가기에 앞서서 우선 자신의 연구주제에 따른 연구항목 혹은 연구 질문을 준비해야 한다. 연구항목/질문을 이끌어 내는 방법은 다음과 같다. 예를 들어 종족연구팀이 중국의 서북부에 있는 우루무치시에서 현지조사를 하던 중 그곳에는 다양한 종족이 있다는 것을 발견하였다. 그런데 그 중 한족 중에 크리스천이 있고 위그루 족에는 별로 없다는 사실이 발견되었다. 그래서 한족신자들을 통해 위그루 족 불신자들에게 접근하는 것이 가능하고 적절한지를 알아보기 위해 두 종족이 얼마나 융합되었는지를 알아보고자 하였다.

이를 위해서 우리는 종족융합의 정도를 발견할 수 있는 연구항목을 생각해 보았다. 민족학적 이론의 도움을 얻어 문화차이의 소실, 사회조직망에의 상호진입, 민족통혼의 증가, 민족의식의 약화, 민족편견의 감소, 민족무시행위의 소멸, 가치관과 권력충돌의 감소라는 연구항목을 생각해 내었다. 각 항목에 대해서 우리는 질문을 구성할 수 있었다.

즉, 두 종족의 문화차이는 무엇인지, 예를 들어 음식이나 오락, 절기나 축제 등이 어떻게 다른 지를 물어보았다. 한편 그들이 서로 사회조직망에 상호 진입하는 지를 확인하기 위해 질문 외에도 그들의 거주 지역, 학교, 오락장, 종교기관, 친구관계 등을 관찰해 보았다.

 - 조사 질문의 선정

조사 질문의 선정은 다음과 같은 과정에 의해서 이루어진다.

조사항목은 보통 이전의 연구를 검토하고 조사와 연관된 문헌자료를 입수함을 통해서 개발된다. 이를 통해 이끌어내는 조사 질문은 조사항목을 가지고 브레인스토밍과정으로 이끌어내지만 만약 이전에 비슷한 주제로 사용된 설문지나 면접계획

조사 질문 선정 과정

- 조사주제의 설정
- 조사항목의 설정
- 질문방식의 결정
- 설문지(우편, 전화, 대면) 혹은 면접계획서(인터뷰스케줄)의 구성

표가 있다면 일부 활용될 수 있다. 그 과정을 구체적으로 살펴보자. 예를 들어 '가장 대중적 여가활동이 TV시청인지'를 확인하고자 한다고 하자. 이를 위한 질문은 보통 우선 브레인스토밍을 통해 생각되어진다. 여기서 우리는 '당신은 여가가 날 때 TV시청을 가장 좋아합니까? 혹은 얼마나 자주 봅니까' 라고 물을 수 있을 것이다. 아니면 단순히 여가시간과 TV시청시간을 물을 수도 있다.

참고문헌

- 김경동 · 이온죽. 『사회연구방법: 사회연구의 이론과 기법』. 서울: 박영사. 1989.
- 사회문화연구소 편역. 『사회조사의 연구방법』. 서울: 사회문화연구소출판부. 1996.
- 폴 히버트. 『선교와 문화인류학』. 이현모 역. 서울: 죠이선교회출판부. 1996.
- AAP 편저. 『선교정탐훈련 표준강의안』. 서울: 한국세계선교협의회 · AAP. 1996.
- Bryman Alan. Quantity and Quality in Social Research. London:Unwin Hyman. 1988.
- Edgerton Robert B. & L. L. Langness. Method & Styles in the Study of Culture. San Fransisco: Chandler & Sharp Pub. 1974.
- Greenway Roger S. & Timothy M. Monsma. Cities Missions' New Frontier. Michigan:Baker Book House. 1989.
- Hakim · Catherine. Research Design. London:Allen & Unwin. 1987.
- Robert G. Burgess ed. Field Research: a Source Book and Field Manual. London: George Allen & Unwin. 1982.

Modern Mission through People Window(II)

3

현재의 도시화 현상은 산업화와 연관을 갖는데,
사람들이 시골 또는 산지 등의 지방에서 도시로 몰려드는 현상이다.
사람들은 자신에게 문화적 삶을 더 갖다 주며 일자리 찾기가 더 쉬운 도시로
이주를 하게 된다. 이런 도시화는 미전도종족들의 대이동을 자연히 수반하게 되어
21세기에 이미 모든 도시에는 미전도종족 집단을 쉽게 발견할 수 있으며, 그 집단들은
마치 모자이크 유리처럼 곳곳에 집단적 사회 형태를 띠고 살고 있다.
비록 흩어져 있는 종족 집단은 보이지 않는 사회적 네트워으로 실타래처럼
연결된 구조를 갖고 있다. 그런 점에서 현대 종족 선교는 전략적으로
미전도종족이 많이 들어 와 있는 대도시에서부터 시작할 수 있다.

3
도시와 종족 프로파일 개요

| 종족과도시선교연구소

1. 서론 : 관문도시와 미전도종족 선교

도시화는 지난 수 십 년간 미전도 지역에서 일어났던 주요한 사회적 변화이다. 인구통계학자들은 우리가 활동할 21세기의 사반세기 중에도 이러한 변화가 계속해서 일어날 것을 전망하고 있다. 이 현상의 선교적 의의는 가장 복음화되지 않은 사람들이 도시로 몰려들므로 도시를 통한 미전도종족 선교의 기회가 더욱 열리고 있다는 점이다. 그러나 지난날을 되돌아볼 때 한국 선교계는 미전도종족 선교에 대해 열정을 지니게 되었음에도 불구하고 그러한 기회에 주목하지 못한 면이 있다. 어쩌면 미전도종족 선교를 위해 도시를 주목할 수 없었던 가장 중요한 이유는 미전도종족이 오지나 농촌에만 존재한다는 편견 때문인지도 모른다. 그 결과 어떤 사람은 미전도종족과 미전도부족을 같은 의미로 오해하기도 하는데 우리는 이러한 편견과 오해를 불식하고 도시를 통한 미전도종족 선교의 기회를 포착해야 한다.

　도시로 이주해 오는 미전도종족은 전략적 차원에서 많은 이점이 있다. 우선, 도시로 이주해 오는 집단은 원거주지에 있는 집단에 비해 접근과 사역이 용이하다. 도시로 이주해 온 미전도종족은 과거에 지니고 있던 종교적 신앙이나 사회적 관습에서 자유로워질 가능성이 높다는 것이다. 둘째로 도시생활에 적응하기 위해 미전도종족들은 사회적 연결망을 유지하고 있는데 이것이 복음을 전하는 유용한 통로가 될 수 있다는 것이다. 셋째로 도시를 통해 오지나 농촌에 떨어져 있는 미전도종족들에게 복음을 전할 수 있는 것이다(한화룡, 1998:21-25; 한남운, 1998a:15-16).

　우리는 위와 같은 전략적인 접근을 취할 수 있는 주요 도시에 주목하고 있는데 그 도시를 관문도시(Gateway city)라고 부른다. 관문도시는 위에서 언급한대로 미전도종족에게 접근하는데 전략적 이점을 지니고 있을 뿐만 아니라 도시 내에 있는 현지교회나 선교단체, 유학생 등 다양한 선교자원과 협력하거나 이를 동원할 수 있다는 면에서도 중요한 선교적 의의를 지니고 있다고 할 수 있다(한남운, 1999:29). 따라서 미전도종족과 관문도시와의 연계성은 중요한 선교 전략 중의 하나가 된다.

2. 도시와 종족연구를 위한 연구도구(도시와 종족 프로파일)의 생성과정

관문도시를 통한 미전도종족 선교전략을 수립하기 위해서 도시와 그 안에 있는 종족 그리고 도시 안에 있는 종족과 원거주지에 있는 종족간의 관계에 대한 연구가 먼저 필요하다. 위와 같은 사역에 연구 없이 접근한다는 것은 복잡한 도시상황에서 더욱 불가능한 일이 된다.

이 연구는 도시에 대한 선교연구와 함께 종족에 대한 연구를 결합시키는 형태의 연구가 되어야 할 것이다. 이것이 특정한 전문가들이 하는 학문적인 연구가 아니라 선교단체나 선교사들이 사역을 위해 활용하는 응용연구가 되기 위해서는 보다 손쉽게 활용할 수 있는 연구도구를 개발하는 것이 필요하다. 이 도구를 '도시와 종족프로파일' (이하 도시프로파일)이라고 한다. 이 도구의 개발은 위에서 소개한 '도시연구의 과제' 와도 관련이 있다. 기존에 미전도종족을 연구하고 소개하는 도구로서 종족프로파일이 존재하였다. 프로파일은 간략하게 사역대상을 이해하는 데 도움이 되고 사역자가 종족에 대해 연구조사를 할 경우 비교적 쉬운 리서치 포맷(틀)으로 사용할 수 있는 이점이 있다. 또한 비슷한 형태의 프로파일 포맷을 사용하는 것은 연구결과의 축적과 유통에 도움을 주고 있다.

이러한 프로파일 형태의 연구 도구의 유용성을 수용하여 도시와 그 안에 있는 종족을 연구하는데 사용할 수 있는 도구를 개발하고자 종족과도시선교연구소는 연구프로젝트를 진행하였다. 그런데 기존의 종족프로파일이 종족정보에 대한 백과사전식의 나열형태를 지니고 있는 것이라면 도시프로파일은 전략수립에 필요한 선교학적 변수들을 연구의 틀로 삼아 연구항목을 구성하였다.

1998년의 제 1회 학술세미나에서 예비적인 프로파일 포맷을 발표한 바 있다.[18] 이 포맷은 위에서 언급한 기존의 도시연구의 전통을 통합한 것이었다. 이 포맷을 기초로 학술발표회 의견을 반영하고 선교학, 지역학을 전공하는 교수들을 대상으로 전문가 면접을 실시하여 보완하였다. 이렇게 보완된 포맷을 가지고 현지에 가서 도시와 종족에 대한 조사를 하였다. 현지조사를 진행하면서 그 결과에 따라 현지의 상황에서 필요한 조사항목들을 추가시키거나 부적절한 항목들을 삭제하였다. 이 프로파일은 지속적으로 보완되어야 하며 현지의 상황에 맞게 특별히 관문도시와 타겟종족 사이의 관계에 따라 적용되어야 한다.

---

18) 기존의 도시연구항목과 선교학적 이론을 참조하여 도시프로파일 포맷이 생겨나게 된 과정은 1998년에 있었던 제 1회 학술세미나에서 발표되었다. 이를 위해서는 한남운 (1998b:53-58)을 참조하라.

3. 도시프로파일의 구성

도시프로파일은 크게 보아 네 부분으로 나뉜다. 한 부분은 도시에 대한 거시적 정보를 제공하는 부분(part1)이고 다른 부분은 도시 내 종족에 대한 미시적 서술을 하는 부분이다 (part2). 그리고 도시와 원거주지 종족간의 관계를 다루는 도시를 소개하는 부분이 포함된다(part3). 그 서술의 방향은 넓은 것으로부터 좁은 영역으로 관심을 좁혀 가는 것이다. 한 종족을 총체적으로 이해하기 위해서는 그 종족을 둘러싼 환경부터 시작하여 그들의 의식세계까지 들여다보아야 한다. 마지막으로는 기존에 분석한 내용에 기초하여 전략과 기도제목 및 선교사의 적응을 위한 제안을 서술하는 부분이다(Part4). 도시프로파일을 작성하기 위한 조사방법으로는 기본적으로 지역연구(Area Studies)의 현지조사방법이 사용된다. 구체적으로는 현지문헌조사, 관찰과 면접(전문가 면접 및 종족집단 면접), (인구학적) 서베이 방법, 그리고 시청각자료 수집을 사용한다.

4. 도시프로파일 연구항목과 조사방법

1. Part 1: 도시와 종족에 대한 거시적 분석 = 교회성장학적 연구

도시에 대한 거시적 정보를 다루는 부분은 크게 두 부분으로 다시 나뉜다.

1) 도시에 대한 개요정보

이 부분에서는 연구대상인 도시가 어떤 모습을 지니고 있는지를 개괄적으로 이해하는데 도움이 되는 조사항목을 포함시켰다. 그 자료는 도시 내 미전도종족을 연구하는데 필수적인 배경적인 지식을 제공할 될 것이다.

이 부분은 다시 두 부분으로 나뉜다. 첫째 부분은 연구 조사하는 도시의 기능이나 도시의 인구, 행정, 그리고 교통 통신 등 도시를 이해하는 기본적인 정보를 수집하도록 한다. 이에 대한 연구 자료로는 주로 정부의 통계나 신문잡지와 같은 문헌자료들이 사용되며 이 외에도 그 도시에 대해 연구한 학술 논문이나 전문가 면접 자료가 사용될 수 있다. 둘째 부분은 도시 내의 종족집단에 대한 소개이다. 도시 내의 종족집단은 민족 집단, 사회(계층)집단, 종교집단, 그리고 이주자집단으로 나눌 수 있다. 그 집단들의 존재여부와 이름 그리고 거주상황 등에 대해 간략하게 서술한다.

2) 거시적 항목들

여기서는 주로 도시의 선교환경에 대한 분석을 하는 부분이다. 우리가 타겟으로 하는 종족집단을 염두에 두면서 도시의 선교환경을 살피는 것이다. 여기서 복음화의 관점에서 이 종족집단에 영향을 미치는 환경을 세 가지 영역으로 나누었다.

그것은 맥락적 상황, 기관 상황, 그리고 영적 상황이라는 3가지 영역이다. 오늘날 선교학자나 교회개척가들은 이 3가지 영역을 이해하는 것이 얼마나 교회개척에 중요한지를 알고 있다. Hadaway(1985)는 도시교회의 성장과 감소를 분석하는 요인들로서 기관(institutional) 및 맥락(contextual) 요인(factor)을 제시하였다. 복음전도 대상을 둘러싼 환경에 복음전도 군대가 어떻게 적절하게 대응하느냐는 선교적 성취에 관건이 된다. 선교학적으로 이러한 연구가 꽤 진행되었는데 정치적 맥락과 영적 군대(Hinton,1980), 인구학적 변화와 영적군대(릭 워렌,1996), 지역사회의 성격과 영적군대(Britt,1991) 등과 같은 관계가 교회성장과 전도에 매우 중요한 변수라는 사실은 이미 여러 선교사례와 연구를 통해 밝혀진 바 있다. 이 외에도 도시의 영적 상황 혹은 영적동학(spiritual dynamic)과 영적군대 간의 관계 역시 복음화를 위해 간과할 수 없는 부분임이 제시되었다(피터와그너, 1996; 존 도우슨,1992).

그 의미를 군사전략에 비유해서 설명한다면 다음과 같다. 우선 맥락적 상황은 일종의 군사지형도에 해당된다고 할 수 있다. 도시 내 종족집단은 도시가 지니고 있는 특정한 정치경제적, 인구학적, 사회적 '지형' 속에서 살아가고 있다. 따라서 그들에게 접근하기 위해서는 그 지형을 잘 파악하여야 한다. 기관 상황은 아군진영의 상황에 대한 것으로서 그 도시 내 교회와 선교기관의 형세를 알아보는 것이다. 마지막으로 영적상황은 적진의 상황을 보는 것에 해당된다고 할 수 있다. 이 부분은 '영적지도그리기(spiritual mapping)'와 관계가 있다. 그러나 여기서는 타종교나 도시의 영적 분위기를 파악하는 것에 한정한다.

이러한 항목들은 전도, 사회사업, 영적전쟁이라는 도시에 대한 3가지 전략적 접근방법과 맞물린다. 그리고 도시사회의 변화를 파악함으로써 이를 통해 타겟 집단의 필요(Ellison, 1997), 타겟 집단이 겪고 있는 변화와 위기, 수용성을 알 수 있게 된다(데이튼과 프레이져, 1991; McGavran, 1990).

맥락적 상황조사를 위한 연구방법은 주로 문헌조사이나 도시를 체계적으로 이해하고 있는 학자나 전문가에 대한 면접에 주로 의존한다. 기관 상황에 대해서는 그 도시와 종족가운데서 사역하는 선교사나 도시 교회지도자 및 교인들을 인터뷰함으로써 파악한다. 영적상황은 이 외에도 다른 종교지도자들과의 면접, 그리고 관찰에 의해서 얻어지는 데 무엇보다 도시의 영적상황에 대한 영적 통찰력을 통해 얻어진 자료를 가지고 서술한다.

2. Part 2: 내부적, 미시적 항목 = 선교인류학적 연구

거시적 항목들이 주로 거시적인 교회성장학적 관점에서 복음화를 위한 전략적 의미를 분석하는 것이라면 미시적 항목은 주로 타겟 종족집단 내에 교회개척을 하기 위한 전략 개발을 위해 종족집단의 내부에 집중하는 것이다. 이를 위해서는 종족집단에 대한 사회구조, 문화, 복음에 대한 인지적 상황을 살펴본다. 이것의 이해는 토착교회의 설립, 효과적인 복음의 의사전달, 문화변혁 및 선교사의 적응에 대한 전략적 정보를 제공한다.

많은 선교학적 문헌들이 사회구조 및 문화의 상황에 대한 이해는 목표 집단의 교회개척을 위한 선교전략 수립에 필수적인 정보임을 말하고 있다(히버트와 메네시스, 1999, 헤셀그레이브,1999 참조). 가족과 친족. 사회계층, 모임, 지도력 등과 같은 사회구조에 대한 정보는 그들의 사회속에 적절히 들어가는 데 도움이 된다. 한편 많은 선교학자들은 그와 동시에 민감한 신학적 내용들을 '상황화' 하는데 있어 해당지역의 문화와 세계관을 파악하는 것에 강조점을 두고 있다(히버트와 메네시스,1999:7). 구체적으로 선교연구에서 그러한 항목들이 사용되기도 하였는데 예를 들어 엥겔(Engel,1991)은 도시 내에서의 미전도 된 사람들 가운데 특정한 목표 집단에 대한 전도전략을 수립하기 위해 다음과 같은 내용을 조사해야 한다고 말했다. 그것은 수용성(변화에 대한 수용자세- 모든 조건이 같다면 변화를 추구하는 집단이 최초의 목표 집단이 돼야 한다), 성경적 진리에 대한 이해, 동기부여와 실제적 필요, 기독교메시지에 대한 태도(기독교인이 되는 것에 대해 사람들의 태도), 의사결정 양식(개인적인지 집단적인지) 등이다.

한편 그들의 정신세계 속으로 들어가 효과적인 타문화 의사소통을 하기 위해, 데이빗 헤셀그레이브는 사람들의 세계관과 인식과정에 대해서 아는 것은 중요하다는 점을 지적했다(헤셀그레이브, 1997:94-110). 이 부분의 연구를 위해서 우리는 간단한 인구학적 서베이 조사를 고려할 수 있다. 이는 대상 집단의 인구학적 특성이나 사회구조 등에 대해 비교적 객관적인 자료를 제공해 줄 것이다. 그러나 조사가 민감한 지역에서는 조사원으로 현지인의 협조를 얻는 것이 필수적이다. 한편 그들의 문화와 인식과정 및 필요는 심층인터뷰가 필요한 부분이다. 그리고 관찰에 있어서도 참여의 정도를 높일 필요가 있다. 현지인과 보다 깊은 인간관계를 맺는 것도 필요하다. 이는 이 부분의 조사를 위해서 내부자적인 관점을 유지하는 것이 요구되기 때문이다. 따라서 문화와 의식에 대한 연구를 위해서는 보다 많은 시간이 소요되며 언어적인 능력도 보다 요구된다. 그러므로 연구기간이나 연구자의 능력을 고려하여 너무 욕심을 부리지 말고 적절한 수준의 연구목표를 세우는 것이 필요하다.

3. Part 3: 원거주지와의 관계(이주 및 도시의 관문성)

목표 집단이 이주민들로 구성된 집단일 경우 이 부분의 연구가 매우 중요하다. 여기서 우리는 이주민의 정착, 이주의 형태, 원거주지와의 교류방식과 수단 등을 다룬다. 이러한 정보들은 이주민을 통해서 어떻게 원거주지에 접근할 수 있을지를 아는데 도움이 된다. 선교학적으로도 도시와 농촌을 연결하는 전략은 매우 성공적임을 보여준다.

어떤 경우에는 도시 내 이주자들이 존재하지 않고 도시를 단지 원거주지에 살고 있는 타겟종족의 선교기지로 활용할 수도 있다. 이때는 주로 비거주 선교의 관점에서 도시와 원거주지 종족간의 관계를 살펴보아야 할 것이다. 도시와 종족거주지역간의 인적 교류와 함께 교통, 경제, 정치, 문화적인 관련을 파악하는 것이 중요하다. 이 부분의 연구는 역시 이주에 대한 문헌조사, 이 분야의 전문가에 대한 면접을 통해 배경지식을 확보한 후 이주자 집단에 대한 면접, 정착촌에 대한 참여관찰 등으로 이루어진다. 더 나아가 연구자가 이주민들의 원거주지를 직접 방문, 조사하는 것이 필요하다. 방문지는 주로 이주해 오는 원거주지 중에서 선택하되 도시에서 만난 이주민의 소개로 그들의 고향을 방문할 수 있다면 보다 생생한 정보를 얻을 수 있다. 이 분야의 연구 설계는 현지에 도착해서 조사를 진행하는 중간에 수립하게 된다. 우선 도시 내 이주자

집단에 대한 조사가 선행돼야 원거주지 조사가 가능하기 때문이다.

4. Part 4: 전략과 기도제목

전략부분에서는 지금까지 각각의 항목에서 다루었던 내용을 종합하여 전략을 정리하는 성격이 될 것이다. 우선 타겟 종족에 대한 포괄적인 복음화과제가 무엇인지를 밝히는 것이 필요하다. 도시 내에 있는 종족집단은 그 도시 외에도 여러 지역에 분포되어 있는 것이 일반적이다. 우리가 궁극적으로 관심을 가지고 있는 것은 한 미전도종족에 대한 '전체적인' 복음화이다. 복음화과제의 범위를 밝히고 이를 위해서 관문도시를 통해 종족을 어떻게 접근하는 것이 필요한지를 제시해야 한다. 다음으로는 타겟 종족의 필요를 바탕으로 선교의 접촉점 혹은 플랫폼을 어떻게 마련할 것인지를 살펴보아야 할 것이다. 여기서는 주로 선교의 사회적 측면과 연관된 전략을 다루게 될 것이다. 다음에 전도활동을 어떻게 전개(전도 방법 및 내용)하는 것이 좋을 지, 그리고 이를 바탕으로 세워져야 할 토착적 교회의 모습 및 교회개척과정은 어떠해야 하는지 등을 서술한다. 다음으로는 중점적으로 영적전쟁과 중보기도를 해야 할 부분은 어디에 있는지를 서술해야 할 것이다. 또한 여러 복음의 군대와 협력해서 사역하는 것도 중요한 전략이다. 따라서 현지 교회 및 해외 선교기관 및 교회와 연합해서 사역을 전개하기 위해 어떤 동원 및 네트웍 전략을 세울 것인지를 제시해야 한다. 가능한 사역과 도구는 무엇인지, 마지막으로 목표 집단에 사역할 선교사들이 잘 준비되어야 한다. 마지막으로 그 도시에 정착하고자 하는 선교사들을 위해서 선교사 바른 정착을 위한 정보를 제시한다. 이를 위해서는 그 도시에서 오랫동안 거주한 경험이 있는 한국인(유학생, 주재원, 선교사 등)의 경험과 노하우를 들을 필요가 있다.

전략부분의 기술은 선교학 및 선교전략에 대한 기본적 이해가 밑받침되어야 한다. 다양한 전략 및 사역 사례들도 살펴보아야 한다. 또한 전략은 '정보에 기초하고 기도로 빚어지는 것'이라는 점을 기억할 필요가 있다. 하나님의 마음에 있는 전략은 무엇인지 연구팀들이 지속적으로 기도하며 정보를 분석하고 해석하면서 전략을 수립해 나가야 한다. 그리고 이렇게 세워진 전략들이 보다 현실성이 있으려면 연구지역에서의 사역 및 연구경험이 있는 선교사 및 연구자들의 조언을 들어야 한다. 그러나 본 프로파일에서 제시하는 전략은 아직 초보적이며 예비적인 것임을 염두에 두어야 한다. 사역의 착수를 위해서는 관심이 있는 개인이나 단체가 어떤 것이 최적의 사역이며 그것이 어떤 과정과 시간계획에 의해서 이루어져야 할지를 알기 위해 추가적인 연구조사를 할 필요가 있다.

5. 도시와 타겟 종족간의 관계에 따른 포맷의 적용

도시와 종족 프로파일은 하나님의 연구 틀을 제공해 주지만 현실의 다양성 때문에 그것을 일괄적으로 적용할 수 없다. 따라서 현장의 상황과 연구자의 관심에 따라서 그 포맷을 변형 혹은 응용하여 사용해야 할 것이다.

1) 도시 자체에 대한 연구에만 관심이 있는 경우:
주로 Part 1에 대한 연구를 한다.

2) 타겟 종족이 도시 내 주류종족인 경우:
Part 1에 대한 연구와 함께 종족에 대한 Part2의 연구도 수행한다. 이 때 각 Part의 내용이 중복되지 않도록 거시적 문제와 종족내부의 문제를 다루어야 한다.

3) 도시가 종족 모자이크로 이루어져 있으며 그 모든 종족에 관심이 있는 경우:
여기에는 주류 종족의 다양한 계층집단에 모두 관심을 갖는 경우도 해당된다.(예를 들어 호치민의 Viet족의 계층분석). 이 경우에는 주로 Part1의 2) 종족집단 구분과 소개를 중심으로 Part1을 주로 분석하고 각 종족집단에 대해서 Part2의 서술을 간략하게 한다. 도시전체에 어떤 종족집단이 있는지를 분석하

고, 가능하다면 각 집단들의 선교적 시급성과 수용성을 고려
하여 선교우선순위에 대한 평가를 포함시키는 것이 좋다.[19]

4) 도시가 종족 모자이크로 이루어져 있으며 그 중 한 종족
집단에 관심이 있는 경우:

여기에는 주류 종족의 한 계층 집단(예를 들어 대학생)에 관
심이 있는 경우도 포함될 수 있다. 이 경우 모든 부분의 분석
이 이루어져야 하는데 이 때 Part1이나 Part3의 내용이 분석
하는 종족과의 관련 가운데 서술되어야 한다.

5) 주로 원거주지 복음화를 위해 도시 내 이주자 집단에 관
심이 있는 경우:

Part1의 1), 2) 및 Part3에 분석의 일차적 초점이 있고 다음
으로 이주자집단 내부를 드려다 보는 Part2를 분석할 필요가
있으며 반면 Part1의 2)는 보조적이 된다.

6) 주로 원거주지 집단에 관심을 두고 도시를 관문으로 바
라보는 경우:

---

[19] 갤럽 프로젝트가 이 분야에서 선구자적인 역할을 했다. 도시 내에 있는 미전도 종족
집단을 연구하기 위해 맥가브란의 동질집단이론과 스프래들리의 참여관찰방법을 참조
하였다. 중요한 연구항목은 사회계층, 사회적 동향, 사회구조, 복음화를 연구한다. 도시
를 종족집단의 관점에서 분석하고 각 집단의 수용성과 토착적인 교회개척의 상황화 전
략을 다룬다(Holzman, 1991).

Part1의 1) 도시에 대한 개요정보들과 Part3를 주로 분석하고 원거주 집단에 대해서는 종족 프로파일을 작성하여 관계를 설정한다.

6. 도시프로파일 포맷과 정의

1. 도시에 대한 정보

1) 도시에 대한 일반적 개요정보들
① 도시의 아이덴티티(도시의 특징, 교통/상업/행정/군사/산업 등 도시의 기능)

도시의 특징을 기술하는 항목이다. 즉 도시가 교통, 상업, 행정, 군사, 산업 중 어느 부분에서 핵심적이고 중심적인 역할을 하고 있으며 그것이 국가적인 면에서는 얼마만큼의 비중을 차지하는가? 현재 도시 자체적으로, 국가에서 그 도시에 주력적으로 투자 육성하는 분야는 무엇이며 그것에 대한 시나 국가의 기대치는 어느 정도인가? 다른 도시에 비해 특정분야가 발달하게 된 배경, 자원은 무엇인가?

② 주요 역사적 배경, 지리적 특징
도시의 주요 역사적 배경과 지리적 특징을 기술한다. 도시의 형성과정과 시대에 따라 도시 명칭이 어떻게 바뀌었고 그

뜻은 무엇이었으며 각 시대에 따라 도시는 어떠한 기능을 했는가? 또 도시의 지리적 특징이 특정 산업의 발달을 촉진시켰거나 도시의 가치를 높여주었다면 그런 것들도 기록한다.

③ 지리적 위치, 면적, 기후

개인이나 종족이 어떤 환경에서 자라는가에 따라 세계관과 독특한 문화가 형성된다. 도시의 위치는 복음전파의 방법을 고려하게 하며 면적은 사역의 규모를 예측할 수 있게 해준다. 이 항목은 지도를 첨부하여 국가내의 어느 곳에 위치해 있는지, 지대가 평야인지 산지인지를 지도상에 표기한다. 계절에 따른 기후의 특성과 지리적 특성에 따른 자연재해를 조사한다. 특히, 상습적 재해에 대해서는 구체적으로 기록하며 연평균기온, 연평균 강우량 등도 표기한다.

④ 도시위계상의 위치

도시가 국가 내 어떤 도시인가? 즉 수도인가 혹은 도청소재지인가? 아니면 지방도시들 중 하나인가? 도시에는 어떤 행정기관들이 있으며 어떠한 행정단위(구, 동)로 나누어지는지 조사한다.

⑤ 인구(전체, 도심인구)

도시의 총인구를 기록하며 인도밀도를 아울러 밝혀준다. 도심의 인구와 변두리의 인구를 나누어 제시하고 특히, 제3세계 국가들의 도시들을 조사할 때는 농업인구와 비농업인구를 나누어 표기하고 시계열표를 제시하며 인구증가율도 밝힌다.

⑥ 언어(공용어)

어떤 언어 족에 속하며 문자인가, 구어인가? 공용어를 사용하는 비율은 어느 정도인가? 공용이 외에 소수종족들이 사용하는 언어는 몇 개인가?

⑦ 종교(주요종교, 기독교인, 복음주의자 비율)

도시에 거주하는 사람들의 종교가 무엇인지를 조사하는 항목이다. 각 종족들이 믿고 있는 다양한 종교들에 대한 간단한 개요를 기록한다. 도시인구중 기독교인들의 비율은 어느 정도이며 기독교인들 중에서 복음주의자들은 몇 %나 되나?

⑧ 문화수준(문자 해독률, 매스미디어)

문자 해독률이란 읽고, 쓰고, 이해하고 간단한 셈을 수행할 수 있는 능력을 말한다. 도시 전체와 각 소수종족들의 문자 해독률은 어느 정도인가? 또 서적이나 잡지, 만화, 라디오, VTR, TV, 드라마 공연, 음악 등 사용되고 있는 대중매체를 파악하고 사람들이 선호하거나 깊이 영향을 미치고 있는 대중매체가 무엇인지를 조사한다.

⑨ 교통

교통발전은 대외 발전의 지표가 된다. 해상, 육로, 항공 중이 도시에 들어가는 방법들과 국가 내 다른 도시와의 교통망과 한국과의 항공편도 조사한다. 도시 내 도로망 체계, 교통질서나 법규, 대중교통수단 등을 자세히 기록하고 교통 요금도아울러 명기하며 도시민들은 주로 어떤 교통수단을 이용하는지도 파악하여 기록한다.

⑩ 통신과 정보(인터넷, 컴퓨터 통신)

전화, 텔렉스, 인터넷 보급 정도, 통신수단을 이용하는데 있어 장애나 제약의 유·무, 보안상 주의해야 할 점등을 구체적이고 자세하게 기록한다. 현지에서 이러한 것들(특히 이메일)을 이용하기 위한 절차와 설치하는 방법에 대한 가이드를 제시한다. 가정용 전화기의 보급정도, 공중전화, 휴대폰, 삐삐의 보급정도와 이런 것들을 이용하는데 월 평균 얼마만큼의 비용이 드는가도 파악한다.

⑪ 기타 (관광지 소개)

역사 또는 자연사 박물관, 외국인들의 출입이 가능한 국립, 시립도서관과 대학도서관이 위치한 곳과 개관시간 등을 조사기록한다. 도시에 있는 공원, 천혜의 자연경관을 갖고 있는 산이나 바다 등의 명소도 소개하면 선교전략을 수립하는데 도움이 될 것이다.

2) 도시 내 종족집단에 대한 개요정보들
① 민족 집단

민족 집단은 동일한 언어와 동일한 인종배경을 지니며 스스로 공동적인 친밀감을 가지고 있는 인종—언어학적인 집단이다. 복음화의 관점에서 보면 '이해나 수용의 장벽에 부딪히지 않고 복음이 교회개척 운동으로서 확산될 수 있는 가장 큰 집단' 이라고 할 수 있다. 도시에는 어떤 민족 집단이 있나?

② 종교집단

같은 종교를 가진 사람들로 이루어진 집단이다. 어떤 사회는 종교가 집단구분에 가장 중요한 기준이 된다. 도시에 뚜렷이 구분되는 종교집단들이 있는지 그들이 얼마만큼의 영향력을 가졌는지 조사한다. 특정한 종교를 배경으로 형성된 집단은 아니지만 보수적이고 배타적인 민족주의자들의 집단은 종교집단과 같은 역할을 하기 때문에 이런 집단들에 대해서도 조사한다.

③ 사회계층집단

사회계층은 사회적 신분, 경제적 부, 정치적 권력의 소유정도에 따라 사람들의 집단을 수직적으로 서열화 시킨 것이다.

상류, 중류, 하류계층, 도시빈민 등이 있지만 카스트와 같이 독특한 형태도 존재한다. 대부분의 사람들은 같은 계층 사람들끼리 어울린다. 우리는 위에서 언급한 기준에 의해서 도시 내 뚜렷하게 구별되는 계층집단이 존재하는 지 특히 이주민들과 소수종족들이 어떠한 계층을 이루고 있는지를 살펴봐야 한다.

④ 이주자 집단

최근에 이주해 온 집단들을 중심으로 최근에 도시로 이주하는 종족들이 도시로 이주하는 이유와 그 규모가 어느 정도인지를 파악한다. 농촌을 떠나 도시로 이주하는 사람들은 그 생활양식의 심대한 변화를 초래하게 되며 도시에서의 새로운 계층구조와 사회구조에 편입되게 된다. 따라서 그가 과거에 지니고 있던 집단의 정체성은 약화되고 새로운 정체성의 확립으로 인한 심리적인 불안정도 증가하게 되면서 이주민들이 그들의 고향에 있는 사람들보다 복음에 반응할 가능성도 높아지게 된다. 이주자 집단을 독립적으로 조사하는 것은 이러한 선교학적인 의의 때문이다.

⑤ 도시 내 종족집단의 선교 우선순위의 평가

밝혀진 종족집단을 위한 독립적인 교회개척이 필요한지를 살펴보아 우선순위를 정하고, 그 종족집단에 대한 교회개척

전략을 세워야 한다.

종족집단을 밝혀내고 그들을 향해 교회개척을 하는 데 있어서 우리가 주의해야 할 점이 있다. 첫째, 서로 간에 의사소통과 사회적인 교류가 활발하게 되어지는 집단이 있는지를 살펴보는 것이다. 그러한 집단이 있다면 하나의 교회가 문화적으로 적합하게 그들을 섬길 수 있을 것이다. 둘째, 매우 숫자가 작은 종족집단인 경우, 이들은 비록 나른 종족집단과 문화적으로 확연하게 구분되더라도 공용어를 익히도록 하여 공용어를 사용하는 교회에 참여하도록 하는 것이 효과적이다.

3) 도시의 맥락적 상황과 정책(종족에의 영향)

① 인구변화(자연증가와 이주)

우리가 접근하고자 하는 도시의 인구규모와 그 변화 양상을 파악하는 것은 종족의 변화를 이해하는데 기본적인 것이다. 인구 변화는 한 사회의 출생률, 사망률, 그리고 인구이동의 결과이다. 출생 수에 사망수를 빼고 순인구 이동량을 더하면 인구변화의 양을 알 수 있다. 우리가 사역의 전략을 수립하고자 할 때 단순히 인구변화의 양 뿐만 아니라 그 사회의 인구구성(연령별, 성별)과 인구변화의 장기적인 추세를 알면 매우 도움이 될 것이다. 자연증가뿐 아니라 이주에 의한 인구변화를 파악하고 인구변화가 종족에 미치는 영향을 조사한다.

② 정치적 상황과 정책(중앙정부의 소수종족 정책)

정부의 정책은 종족의 일상적인 생활에 영향을 미칠 뿐 아니라 종족집단 내부에 긴장을 크게 초래한다. 그러한 긴장의 근원을 이해하는 것이 국가와 도시, 도시에 거주하는 종족들을 전체적으로 바라보는 시야를 얻도록 한다. 소수민족에 대한 국가의 정책과 정치적 상황을 파악하고 소수민족의 권익이 얼마나 보호되고 있는지에 대해선 정당 활동을 하고 있거나 정치에 참여하고 있는 종족 출신이 몇 명이나 되는지 파악한다. 과거에 종족에서 배출된 지도자들은 누구였고, 영향력을 행사했던 지도자들이 누구였는지 조사한다. 이 항목에서는 타종족들과의 관계에 대해서도 언급한다. 변화하는 정치적 상황 가운데서 다른 종족들과의 관계는 어떻게 유지되며 변화고 있는지를 조사한다.

③ 경제적 상황과 정책

도시는 급속도로 성장하는 기술과 변화하는 경제적 구조로 특징지어진다. 도시의 주요 산업, 주요 공산품, 주요 농산품, 유명 특산물 등과 그것들이 발달하게 된 배경(지리적, 환경적)과 성장·발달의 역사를 서술한다. 1, 2, 3차 산업의 비중과 각 부분별로 종사하는 인구비중, 현재의 주산업과 앞으로는 중점적으로 육성하는 산업은 무엇인지에 대해 조사한다. 아울러 고용구조, 성별·연령별에 따른 고용현황, GDP, 도시 주민 일인당 평균소득, 소득에 대한 소비의 비율 등을 조사한다. 다른 지역도시들에 비해 특히 발달되었거나 발달되고 있는 산업부문이 무엇인가? 대외무역과 경제교류상황도 중요하다. 이를 위해 수출품목, 주요수출국, 시의 대외무역현황, 외국인 투자 상황과 조건, 이러한 일들을 주도하고 있는 기관을 조사하며 특별한 경제구역이 있는지 알아본다.

또한 이 항목에서는 도시전체의 산업구조와 변화상황, 인플레이션 현상에 관련된 문제, 도시민들의 직업 활동, 고용상황, 실업문제, 도시의 1, 2, 3차 산업구조, 그 산업들의 변화추이를 조사하고 그것들이 종족에 미치는 영향을 조사한다. 직업에 따른 도시민들의 월 평균 소득과 소수종족들의 월평균 소득 간에는 어느 정도의 차이가 있는지 알아본다. 실업문제에 대한 정부나 도시의 정책은 어떠하며 소수종족에 대해서도 이러한 정책들이 차별 없이 적용되고 있는지를 파악한다.

④ 사회적 변화와 영향(근대화, 세속화, 다른 종족 집단과의 관계 및 영향 등) 도시가 겪고 있는 사회적인 면에서의 변화가 어떠한 지를 서술한다. 가족이나 친족, 계층의 변화, 삶의 양식이나 서구화나 세속화 등을 서술한다. 세속화는 개인의 신념이나 가치체계가 전통적인 것에서 더 비신비적이며 인본주의적인 형태로 변화되면서 종교 의식적 차원에서 심각한 변화를 겪게 된다.

- 근대화, 세속화의 관점에서 사회 문화적 상황과 변화
- 도시화, 산업화로 인한 사회관계의 변화 : 이 항목에서는 도시화, 산업화로 인한 사회관계의 변화를 기술한다. 도시에서의 타종족들과의 관계, 종족내부의 긴밀한 관계나 네트웍의 변화, 리더쉽과 연관된 관계들의 변화들을 세밀하게 조사한다.
- 교육과 청소년 문제(교육 및 시급한 필요, 문제점 등) : 도시와 원거주지에서의 교육 및 학교제도, 훈육에서 근본적으로 달라진 것은 무엇인가? 도시에서는 교육의 기회가 이들에게는 어떤 영향을 주고 있는가? 원거주지에서는 생각지 못했던 청소년들의 문제가 무엇이며 시급한 필요는 무엇인가?
- 사회복지수준/상태(의료, 사회보장, 장애, 빈곤에 대한 사회보장 상태) : 사회복지수준이나 상태는 그 나라 또는 도시에서 인간이 얼마나 인간다운 삶을 영위할 수 있느냐를 가늠할 수 있는 척도이다. 먼저 의료부분에서 도시전체의 인구와 병원 수(종합병원, 보건소, 개인병원 각각의 수), 의사의 비율, 남·녀의 평균수명, 유아 사망률, 모자보건에 대한 법률의 유·무 등을 조사한다. 그리고 복지기관(고아원, 재활원, 유아원, 탁아소, 양로원 포함)들은 도시 내에 몇 개나 있으며 그 기관들은 누가(정부, 민간) 운영하는지 조사한다. 장애·빈곤에 대한 사회보장제도는 어

느 부처 소관이며 천재나 기타 재난 재해와 같은 큰 사건의 경우만을 담당하는가, 아니면 실업문제와 같은 사회업무를 담당하는가를 조사한다.

- 여성문제(여성의 역할과 지위에 대한 갈등, 전통과 변화, 가족 내의 갈등) : 도시와 시골에서의 여성의 지위와 역할의 변화로 인한 문제점이나 그로 인한 갈등을 알아보는 항목이다. 원거주에서의 여성의 역할과 지위, 그리고 도시생활에서의 여성의 역할과 지위의 변화를 조사하고, 이러한 변화로 인한 여성자신과 가족들의 스트레스와 갈등을 파악한다. 여성의 달라진 지위가 가족의 구조와 전통에 어떤 영향을 주는가? 도시에서 여성들이 종사하는 일들과 앞으로의 여성들의 지위가 어떻게 바뀔지에 대해 조사하고 예측한다.

- 매스미디어의 상황과 영향(인터넷, 컴퓨터 통신 등 정보화 포함)

- 기타 사회문제 : 민족차별을 비롯한 그 밖의 사회문제를 조사 기술한다.

4) 도시의 기관 상황(종족에의 영향)

① 토착교회 상황

토착교회는 현지인들에 의해 운영되는 자생적인 교회를 말한다. 도시에 있는 토착 교회 수, 성도들의 수와 그들의 직업과 연령분포, 토착교회의 유형(가정교회, 회중교회)을 조사한다. 누가 토착교회의 지도자가 될 수 있으며 어떠한 신학적 교육을 받았는가? 교회는 주로 어떤 사역을 하며 사역의 방향성은 무엇인가? 지도자를 양성하기 위한 신학교육의 유, 무, 학생 수, 커리큘럼을 알아보고 신학교의 운영을 위한 재정과 인력은 어디서 충당되고 있는지를 알아본다.

② 선교사/선교단체 상황 및 사역

교단별, 선교단체별, 개인별 선교사들을 국내에서 파송한 사람들 단체들 뿐 아니라 해외의 파송단체들과 개인들까지도 조사한다. 그들의 사역내용, 사역에 대한 전략과 연합의 정도(연합기도모임, 연합사역)를 파악한다. 국내 파송선교사와 외국의 선교사 · 단체들과의 커뮤니케이션은 어느 정도인지와 선교사들 사이에서의 Key Man은 누구인지 파악한다.

③ 기독교 정책

대부분의 도시들은 국가의 기독교 정책을 그대로 채택하고 있기 때문에 일차적으로 국가의 기독교에 대한 정책과 입장을 조사 정리하고 도시의 그것들을 기록한다.

5) 도시의 영적 상황(종족에의 영향)

이 난에서는 도시의 영적 상황과 분위기 전반에 관해 쓰고 각 소항목의 내용을 써내려 가면서 그러한 상황이 해당 종족에게 어떤 영향을 미치는지를 조사한다.

① 주요종교(토속종교)

도시의 종교들 특히 토속종교들에 대해 조사하는 항목이다. 각 종교들에 대해 가능하면 자세히 기록하는 것이 좋다. 종교들의 역사, 신자 수, 종교의 개략적인 사항들을 기록한다. 도시의 영적 분위기나 기존해 있던 도시의 종교가 도시에 거주하는 소수종족들에게 어떤 영향을 주는지 조사한다.

② 도시 내 종교 장소(주소와 집회장소의 규모와 상태)

도시에 있는 각 종교들의 집회장소와 규모를 파악할 수 있는 항목이다. 도시에 있는 각 종교들의 사원수, 정기적 · 비정기적 모임, 신도 수 등을 파악한다. 이 항목에는 각 종교의 중요한 사원이 위치해 있는 곳을 도시의 지도상에 표기해 삽입하도록 한다.

③ 종교적 세력의 변화

종교적 세력의 변화를 기술하는 항목이다. 종교적 세력의 변화는 국가의 종교정책, 지도자들의 종교성향, 사람들의 도시로의 이주, 특정종교의 부흥에 의해 일어난다. 종교 세력의 변화를 역사 속에서 조명하고 현재 도시로 대거 이주하고 있는 종족과 그들의 종교, 지도자들의 종교성향을 파악하여 도시의 종교적 변화를 예견하고 종족에게 미치는 영향을 서술한다.

④ 접근하는 이단들

도시에 들어온 이단들과 그들의 규모, 그들의 타겟 대상, 사역 방향들을 파악한다.

⑤ 종교지도자들

각 종교에는 어떤 지도자들이 있으며 그들의 명칭은 무엇이고 어떠한 과정을 거쳐 지도자의 반열에 오르며 사회에서 그들이 미치는 영향은 어느 정도인지 조사한다. 특정 종교의 경계를 뛰어넘어 일반 대중들에게 영향력을 행사하고 종교지도자와 그들이 존경과 영향력을 미칠 수 있는 원인을 파악한다.

⑥ 정치 지도자의 종교적 성향

정치 지도자들의 종교적 성향은 복음전도에 있어서 아주 중요한 요소이다. 특정 종교가 국교인 나라나 특정 이데올로기를 따르고 있는 나라들에서는 정치지도자들의 종교적 성향이 기독교 선교에 대해 문을 닫게 하기도 하고 완화시켜주기도 하기 때문이다.

⑦ 종교와 연관된 주요 축제, 의식, 관습

각 종교와 연관된 주요 축제, 의식, 관습을 알 수 있는 항목이다. 도시에서 이들의 축제는 어떤 의식에 의해 이루어지는지, 종교적인 관습은 어떤 것인지를 조사한다.

⑧ 역사적 피흘림의 사건들, 한(恨), 상처들

혁명, 내전으로 인한 특정계층, 특정지역에서 역사적인 피흘림의 사건들이 있었는지 와 그로 인한 恨과 상처들을 조사한다. 또 특정 종교에 대한 박해와 핍박으로 인한 해당 종족들의 한이나 상처를 조사한다.

⑨ 숭배 받는 주요 영(spirit), 인물, 우상들

도시에서 숭배 받는 주요 영, 인물, 우상들을 조사하고 숭배의 대상이 된 경위와 역사적 배경을 조사한다. 그것들이 모든 사람들에게 숭배 받고 있는지, 아니면 어떤 특정한 세대들이 숭배하고 있는지를 조사한다.

⑩ 물질주의와 상업주의의 영향

물질주의와 상업주의는 사람들의 기독교를 받아들이는데 장애가 되는 사단의 영향력이다. 물질문명의 발달과 상업의 발달은 종교에 대한 일반인들의 지식의 저변확대를 가져오는 것은 사실이지만 종교의 세속화를 가져오는 것이 일반적인 경향이다. 도시의 물질주의와 상업주의가 해당종족들의 종교생활에 어떠한 영향을 주고 있는지 조사한다.

⑪ 타종교에 대한 수용성

도시 전반적으로 기독교 외의 타종교에 대한 수용성이 얼마나 되는지를 조사하는 항목이다. 다른 종교에 대한 도시민들의 태도를 볼 수 있다.

⑫ 새로운 영적 부흥의 분위기, 어떤 신적 표적이나 기사의 나타남

이 항목에서는 기독교 입장에서의 새로운 영적 부흥의 분위기나 어떤 신적 표적이나 기사의 나타남을 조사한다. 해당 도시와 종족 가운데 이러한 일들이 일어났는지 언제 어떻게 일어났는지 조사한다.

2. 도시 내 종족집단에 대한 미시적 분석

1) 종족집단의 사회구조

종족집단의 사회구조의 각 항목들을 조사함에는 도시의 상황과 원거주지의 상황, 그리고 그 둘의 차이, 유사성을 비교 대조하면서 기술하도록 한다.

① 가족

가족은 부부와 그들의 자녀로 구성되는 하나의 사회적인 단위이며, 사회의 가장 기본적인 구성단위이기도 한다. 가족의 유형이 핵가족인지, 확대가족인지, 도시로 나온 종족들의 변화된 가족의 개념과 모습에 대해 조사한다. 가족의 가치나 의사 결정과정 등을 다룬다.

② 친족

우리가 흔히 親族(kinship)이라는 용어를 쓸 때 그것은 친족관계를 말할 수도 있고, 하나의 사회집단으로서의 친족집단을 가리킬 수도 있다. 친족은 부모와 자식 간의 관계와 형제자매의 관계를 포함하여 혈연관계를 맺고 있는 사람인 혈족(血族)과 혼인에 의해 나와 관련된 사람인 인척(姻戚)으로 나눌수 있다. 이 항목에서는 해당종족들의 친족에 대한 개념과 범위, 친족 간의 유대감에 대해 자세히 조사한다.

③ 모임이나 기관

이 항목에서는 도시에서 종족집단의 비공식적 모임과 공식적인 기관들을 조사한다. 해당 종족의 문화 속에는 어떤 풍속과 절기가 있으며 그에 따라 각 계층이나 하위문화 속에 어떠한 형태의 모임이 이루어지고 있는가? 계층별 모임(청년 자치회, 부녀자회 등)은 어떤 형태로 이루어져 있고 이들의 모임이 해당 종족의 도시에서의 삶에 미치는 영향력, 결속력은 어느 정도인가? 원거주지에서의 모임의 성격 그대로인가 바뀐 형태인가? 해당 종족의 권익을 보호해주고 행정적인 업무를 담당하는 기관과 그 규모, 이들 기관과 종족과의 관계를 파악한다.

④ 지도력

해당 종족집단의 의사결정에 영향을 주는 지도력이 어떠한지를 살펴보고 그것이 종족의 사회구조와 어떤 역학관계를 가지고 있는지를 규명한다. 공식적인 지도자뿐만 아니라 비공식적 측면에서 각 계층이나 지도력 구조 안에서 여론을 형성하고 여론을 이끌어 가는 여론지도자(Opinion leader)들을 파악한다. 원거주지에서의 지도력 구조와 도시에서의 지도력 구조를 비교하고 기능이나 역할 면에서 달라진 것이 있는지 조사한다.

⑤ 종족집단의 유대감 및 분열의 양상

하부 집단 간 또는 도시에서 거주하는 같은 종족간의 유대감과 분열의 상황을 기술한다. 도시에서의 분화된 계층으로 인한 갈등과 그 외 갈등들을 조사한다. 개인과 개인 또는 집단 간의 갈등이 분열의 상황까지 갈 때는 어떻게 해결하는가?

⑥ 직업적 네트웍 및 계층구조

전통적인 부족사회나 농경사회에서는 계층구조가 단순하

지만 도시에서는 교육수준에 따라, 소득에 따라, 직업에 따른 다양한 계층분화가 필연적이다. 그래서 이전에는 볼 수 없었던 직업 간의 불평등이 목격되어진다. 도시에서 새롭게 대두되고 있는 직업들, 각 직업별 월 평균 소득, 사람들이 선호하는 직업 등을 조사하고 해당 종족집단내에서의 계층구조를 파악한다.

2) 종족집단의 문화적 특징

① 음식, 의복, 주거

그들의 음식문화는 조사자들에게 많은 것을 암시해준다. 그 곳의 주산물이 무엇인가로부터 시작해서 그들의 인성(Character)에 이르기까지 종족의 식습관 하나로 상당부분의 암시적인 정보를 획득할 수 있다. 이 항목에는 그들의 주식과 부식, 금기시하는 음식, 원거주지와 도시에서의 그들의 식습관의 차이나 변화상을 기술한다. 그들이 입고 다니는 옷을 조사하여 그들의 문화성향을 가늠해 볼 수 있다. 이 항목을 조사할 때에는 겉옷, 속옷의 형태와 종류, 그리고 절기 때 입는 옷과 평상복, 사교복 등에 관하여 구체적으로 기록하도록 한다. 되도록 사진을 첨부하는 것이 도움이 된다. 또 종교지도자들이나 사제들의 복장을 대해서도 언급한다. 주거 환경은 그들에게 필요한 도움(Needs)가 무엇인가를 잘 알 수 있다. 해당 종족들이 일반적으로 거주하는 주택의 단면도,

상세도 등을 삽입하는 것이 도움이 된다. 그리고 주택의 상단 구조를 자세하게 서술해 놓도록 해야 한다. 주거문화에는 그들의 세계관이 반영되어 있다. 도시로 영구적으로 이주한 사람들과 달리 일시적인 이주나 방문하는 사람들은 주로 어디에서 머무르는가?

② 의식 (결혼, 장례, 통과의례, 성인식 등)

이 항목은 그들의 종교 세계관 문화 모든 면을 투영하고 있기 때문에 자세히 기록하도록 한다. 의식들의 절차와 인도자, 비용에 대해 구체적으로 조사하고 각 의식에 따른 사회관습은 무엇인지 서술한다.

③ 축제/오락/예술양식

현지인들과 관계를 형성하고 전도방법을 상황화하는데 도움이 되는 항목이다. 절기와 축제는 어떤 형태가 있는지, 주요 오락은 무엇인지, 관심을 가져야 할 예술양식은 어떤 것인지 구체적인 기록이 필요하다. 예술은 종종 종족의 역사를 담고 있다. 특히, 문자가 없는 사회일수록 역사로서의 예술의 중요성이 부각된다.

④ 특징적인 문화적 항목(예법, 금기된 행동, 인사법, 특징적 문화행위 등)

해당종족의 특징적 문화행위나 종교행위들을 알면 그들에 대해 알 수 있을 뿐만 아니라 쉽게 친밀해질 수 있다. 남의 집을 방문할 때, 사원을 방문할 때, 인사하는 법 등에 대한 예법과 금기 사항 등을 조사한다.

⑤ 문화변동

문화변동은 문화적 변화, 변화속도, 현대화와 정보화, 문화적 전통을 유지하는 범위/정도를 파악함으로써 알 수 있다. 이러한 것들은 단기간의 조사를 통해서는 알아내기가 힘든 부분일 수 있다. 그러나 변화속도와 추이를 감지한다는 것은 그 민족이 복음의 수용성이 얼마나 되는가하는 척도를 가늠할 수 있는 아주 중요한 부분이다.

⑥ 문화적 대중전달매체 (커뮤니케이션 수단)

대중전달매체로 사람들이 주로 갖고 있는 기기 즉, TV, 라디오 등의 보급정도 및 그 영향력을 조사한다. 그리고 그들이 애용하는 매체가 무엇인지 파악하여 그것들을 이용한 복음전파 방법을 모색하도록 한다.

⑦ 종교와 종교적 변화

해당 종족의 종교를 조사하는 항목이다. 하나 이상의 종교를 믿는 종족이라면 그것들 모두 기록한다. 도시에 사는 해당

종족들의 삶에서의 종교적 변화를 서술한다. 원거주지와 달리 도시에서 종교가 사람들에게 미치는 영향력 정도를 조사한다.

⑧ 세계관과 변화

세계관은 사람들이 세계를 바라보고 인지하는 방식으로서, 세계가 존재하는 것을 아는 방식이다. 한 종족의 세계관에 대해 알기 위해서는 그들의 자아개념, 가족, 인간과 비인간 사이의 주된 차이에 대한 개념, 자연, 시공간적 방향성, 출생, 죽음, 신에 대한 개념 등을 알면 된다. 세계관은 행동양식에 영향을 미치며 가치관과 신념에 영향을 미친다.

3) 복음에 대한 인지적 상황

① 복음에 대한 인지도

해당종족이 복음과 그리스도에 대해 어느 정도의 인지도를 지니고 있는 지를 파악한다. 어디서부터 그리스도를 전할 지에 대해서 파악할 수 있다.

② 기독교적 개념에 대한 이해도

– 초월자에 대한 믿음 : 그들이 믿는 초월자가 어떤 대상이며 초월자에 대한 믿음의 행위가 구체적으로 어떻게 드러나는지를 조사한다.

- 용서, 죄, 구속에 대한 개념 : 그들은 죄를 어떻게 정의하는가? 무엇을 죄로 규정하는가? 또 죄에 대한 용서의 개념은 있는가? 구속에 대한 개념이 있는가? 그들의 문화에 구속적 유비가 있는가?
- 사후 세계에 대한 개념 : 사람들이 어떠한 내세관을 갖고 있느냐는 개인의 삶뿐만 아니라 종족의 문화에 지대한 영향을 미친다. 그들이 어떠한 내세관을 지녔느냐는 그래서 중요한 것이다.
- 기타

3. 도시와 원거주지 종족의 관계

1) 이주 및 원거주지와의 관계
① 이주의 역사 및 정착촌의 형성 과정

이 항목을 통해 해당 종족들이 도시로 이주하게 된 동기와 이주의 역사, 도시에서의 정착촌을 형성한 과정 등을 알 수 있다. 이주에 미친 사회 정치적 또는 종교적 원인이 무엇이었는지를 광범위하게 이해하고 그들은 도시로 흘러 들어온 이후에 어떤 과정을 거쳐 정착하게 되었고 그들만의 정착촌을 형성하기 위해 어떠한 노력과 어려움들이 있었는가? 이 항목에는 그들의 이주 역사에 대한 시대별 정황을 기록함과 동시에 그들이 현재 정착촌을 만들어 살고 있는 곳을 도시지도상에 표기하거나 거리의 풍경을 사진으로 남기면 좋을 것이다.

② 주된 이주민 집단의 출신지

도시 내의 해당 종족들 중에서 다수를 차지하는 사람들의 원거주지를 조사한다. 이 항목에는 지도를 삽입하여 지도상에 위치를 표시하도록 하고 특히 그 지역의 사람들이 도시에 많은 이유를 분석한다. 지리적 근접성 때문인지, 아니면 교육열이 특별히 높아서인지, 아니면 경제적인 이유 때문인지도 아울러 조사하면 좋다.

③ 이주의 형태(영구이주, 임시이주, 순환이주)

도시로의 이주가 삶의 기반을 도시로 옮긴 영구이주인지, 사업상, 학업상의 이유로 도시에 일정기간 거주하지만 삶의 기반을 시골에 둔 임시이주인지, 1년에 몇 달은 도시에서 그리고 몇 달은 시골에서 보내는 순환이주인지를 파악한다.

④ 이주민 집단과 원거주지간 상호작용
 – 주요 이주민(가족전체, 남자 혹은 여자만, 청년층) : 이주민이 가족전체인가, 남자 혹은 여자 혼자인가, 청년층인가를 파악하는 항목이다.
 – 이주자의 고향 방문 횟수(혹은 반대의 경우) : 이주자의 고향 방문 회수는 이들 상호간의 네트웍을 파악할 수 있

다. 이주자의 원거주지 방문 또는 원거주지에서 도시로의 방문 회수와 한 번의 방문기간이 며칠인지를 파악하는 항목이다.

– 교환되는 주요 상품(음식, 돈 등) : 이주자들이 고향을 방문할 때 도시에서 가져가는 것들이 무엇이며 시골에서 도시에 나오는 사람들이 가져오는 것은 무엇인지를 조사한다.

– 의사소통의 수단(교통, 통신 수단) : 이주자들이 원거주지를 방문할 때 또는 그 반대의 경우에 그들이 주로 이용하는 교통편과 서로의 소식을 주고받을 때 이용하는 통신수단을 조사한다. 시간대별 기차 편과 버스 편 요금을 조사 기록한다.

⑤ 도시에서의 적응 능력

도시로 이주한 사람들이 기후, 음식 등의 차이로 인한 물리적 환경의 어려움을 어떻게 극복하며 교육수준, 경제적 수준의 차이로 인한 차별이나 어려움을 어떻게 극복하며 살아가는지 상세히 서술한다.

2) 원거주지에 대한 도시의 관계

인적 / 물적 / 서비스 / 사상 및 문화적

4. 전략도출과 기도제목

1) 전략도출과 기도제목

① 종족에 대한 (관문도시를 통한) 포괄적 복음화 전략

도시와 원거주지를 포함한 전체적인 복음화 과제를 제시하고 관문도시의 선교적 위치와 종족 전체 복음화를 위해 도시를 통한 전략의 중요성을 제시한다.

② 실제적 필요들과 총체적 접근전략

• 육체적(주거환경, 음식, 의복, 경제적 수준 등) : 주거의 특이한 구조로 인한 질병발생, 빈약한 재료로 인해 기후에 취약한 점, 식생활에서는 지리적인 특성 때문에 결핍되기 쉬운 영양소, 발병률이 높은 질병, 어린아이들의 발육상태나 산모들의 영양 상태 등을 구체적이고 상세하게 서술한다.

• 심리적(내적 갈등, 정체성의 위기 등) : 도시정착 과정에서 겪는 어려움, 외로움 및 인근 부족과의 갈등, 또는 주종족과의 갈등, 교육 수준, 경제적인 수준의 차이로 인한 낮은 자존감, 개인과 집단이 겪는 정체성의 위기 등을 상세히 서술하고 해결방안을 구체적으로 나열한다.

• 교육적(개인, 및 자녀교육의 기회와 수단) : 학업을 위해 도시로 이주한 학생들과 자녀 교육을 위해 이주한 사람들이 겪는 어려움과 필요에 대해 상세히 서술한다.

• 직업적(직업 교육 및 실업상황) : 이주자들에 대한 직업교

육 및 실업상황에 대해 구체적으로 서술하고 필요들을 어
떻게 채울 수 있는지에 대한 방안을 모색한다.

- 기타(사회정의와 복지의 제도적 필요)
- 필요가 충족된 상태에 대한 평가
- 가능한 사역들(구제, 교육, 복지, 비즈니스 사역 등) : 대
  개의 사역은 다면적으로 이루어진다. 그 종족들의 복음화
  를 앞당길 수 있는 모든 가능한 사역수단을 목록화 한다.

③ 토착적 교회개척(운동) 전략
- 복음의 접촉 대상
- 토착적 교회 형태 : 토착적 교회 형태는 어떠해야 하는가
  에 대한 항목이다. 종족별 또는 지역별 다른 교회 형태가
  요구되어진다. 그리고 토착교회를 수립하는 가능한 과정
  과 절차에 대해 기술한다.
- 예배나 양육의 토착화
- 복음전달의 접촉점 : 실제적 필요들과 인지적 상황들을
  통해 복음의 접촉점을 찾는다.
- 효과적인 복음전달 수단들(의사소통의 채널) : 도시의 해
  당 종족들에게 효과적으로 복음을 전달하기 위한 매체와
  도구를 파악하고 나열한다.
- 바람직한 선교사의 신분과 자질 : 선교사에게 공식적으로
  비자를 내주지 않는 나라에 들어갈 때는 무엇보다도 현지

에서의 신분확보가 중요하고 선행되어져야 한다. 사역자들이 현지에서 취업이 가능한 직업 종류와 방법을 알아본다. 사역자들은 현지에 들어가서 처음 약 2년은 언어를 배우는 학생으로서 신분을 보장받게 된다. 언어연수기관과 대학들을 조사하면 현지에 가는 사람들에게 많은 도움을 줄 수 있다. 해당종족의 언어, 자신이 타겟 대상으로 삼는 종족들의 세계관과 종교에 대한 이해 등, 효과적으로 메시지를 전할 수 있는 자질이 무엇인지를 조사한다.

• 문화변혁의 필요들

④ 영적 전쟁과 중보기도 전략

• 영적 전쟁의 주요 거점들

• 주요한 중보기도 제목들

⑤ 자원(기도, 인적, 물적)의 동원과 네트웍 전략

• 동역할 수 있는 현지교회의 자원 : 복음전도의 최종 목표는 자생적인 교회가 세워지는 것이다. 그렇게 하기 위해서는 현지인들에 의해 모든 프로그램들이 주도되어야 한다. 동원 가능한 인적 물적 자원들을 열거한다. 여기에는 도시뿐만 아니라 유사한 종족 내에서도 찾을 수 있다.

• 동역할 수 있는 현지 선교자원

• 연합할 수 있는 선교자원(국내, 국외) : 그 종족을 대상으

로 사역을 하고 있거나 하려고 준비하는 단체나 개인이
있는지 조사한다. 그래서 인적 물적 자원을 동원하도록
한다. NGO, 한인 선교사, 선교단체 등을 조사하고 그들
과 어떤 면에서 연합할 수 있는지 서술한다.

⑤ 가능한 사역계획

2) 선교사의 정착을 위한 참고사항
① 비자신청, 연장 방법
외국인의 역할(취업 가능한 직업, 언어연수기관, 대학)

② 최초의 거주지 사역자가 현지에 들어가서 최초에 거주해
야 하는 곳, 특별히 외국인들에 대한 거주지의 제한은 어떤 것
들이 있는지 기록하라.

③ 선교사 자녀교육기관

④ 의료서비스

⑤ 생활비규모

⑥ 기타

7. 맺음말

연구는 전략수립과 사역에 기초가 된다는 것은 누구나 인식하고 있는 것이다. 그러나 연구를 진행하고 사역에 착수하는 경우는 그리 많지 않으며 정작 연구를 하고자 할 때 무엇을 조사하며 어떻게 해야 할 것인가에 대해서 막막한 감정을 가지는 경우가 많다. 비전문가의 경우는 더욱 그러하다. 상술한 연구 도구가 부족한 점이 많고 토론과 개선의 여지가 많다. 그러나 이것을 기초로 해서 보다 세련되고 균형 잡힌 연구도구가 개발되기를 희망한다.

참고문헌

- 한남운. "도시를 통한 미전도종족선교의 기회와 중요성". 『미전도종족선교저널』. 2호. 1998.

- 한남운. "도시내 미전도종족 연구를 위한 도시프로파일에 관한 연구". 『제1회 IMPAC 학술세미나자료집』. 1998.

- 한남운. "체제전환장과 관문도시". 『종족과도시선교저널』. 3호. 1999.

- 한수아. "중국의 관문도시와 선교적 중요성". 『중국을주께로』. 중국어문선교회. 1999.

- 한화룡. "미전도종족과 도시선교의 중요성". 『종족과도시선교저널』. 1호. 1998.

- Britt David. "From Homogeneity to Congruence". in Urban Mission vol.8.No.3:1991.

- Conn Harvie M. ed. Planting and Growing Urban Churches. Rapids:Baker books. 1997.

- 데이튼 · 프레이져. 『세계선교의 이론과 전략』. 곽선희 외역. 서울: 대한예수교 장로회총회출판국. 1991(Dayton Edward R. and David A. Fraser. Planning Strategies for World Evangelization. Eerdmans Publishing Co. 1980.)

- 릭 워렌. 『새들백교회 이야기』. 서울: 디모데. 1996.(Rick Warren. The Purpose Driven Church. Grand Rapids:Zondervan. 1995.)

- 존 도우슨. 『하나님을 위하여 도시를 점령하라』. 유재국 역. 서울: 예수전도단. 1992.(Dawson John. Taking our Cities for God.)

- 피터 와그너. 『기도의 배수진을 치라』. 최도형 역. 서울: 나눔터. 1996(Wagner Peter. C. Breaking Strongholds in Your City. Ventura: Legal Books. 1993.)

- 헤셀 그레이브. 『선교케뮤니케이션론』. 강승삼 역.서울: 생명의 말씀사. 1999. (Hesselgrave David. Communicating Christ—Culturally:revised edition. Grand Rapids:Baker books. 1991.)

- 히버트 · 메네시스. 『성육신적 선교사역』. 안영권 · 이대헌 역. 서울: 기독교문서 선교회. 1998. (Hiebert Paul G. and Eloise Hiebert Meneses. Incarnatial Ministry. Grand Rapids:Baker books. 1995.)

- Ellison Crig W. in Harvie M. Conn ed. Planting and Growing Urban Churches. Rapids:Baker books. 1997.

- Engel James R. "Using Research Strategically in Urban Ministry" in Urban Mission vol.8. No.4. 1991.

- Hadaway C. Kirk. "Learning from Urban Church Research" Urban Mission Vol.2. No.3. 1985.
- Hinton Kieth W. Growing Churches Singapore Style. Singapore:OMF. 1985.
- Holzmann John. "Caleb Project Research Expeditions". in Urban Mission Vol.8. No.4. 1991.
- Long Rebecca. "Rural Roots and Urban Evangelism". in Urban Mission Vol.8. No.5. 1991.
- McGavran A. Donald. Understanding Church Growth. 3rd edition. Grand Rapids:Eerdmans. 1990.

Modern Mission through People Window(II)

4

선교의 꽃은 교회개척이다. 그 꽃을 피우기 위한 한국 선교사의 역할은
대단하며 가장 많은 선교사들이 이에 뛰어 들고 있다. 그러나 미전도종족 내
교회개척은 기존 교회가 활발한 지역내 개척과 다르며 사뭇 벤처적 개척이다.
그 전략을 카작스탄의 알마티 카작종족과 타직스탄 의 두산베 타직종족을
대상으로 시도해 본 연구는 상당히 시의 적절하며 미전도종족 내
교회 개척운동에 좋은 길라잡이 역할이 될 것이다.

4

한국 선교사의 미전도종족내 교회개척전략에 대한 시론(試論)적 연구

– 중앙아시아의 알마타의 카작족과 두샨베의 타직족을 중심으로

| 한수아 · 김경

1. 서론

1. 연구의 목적과 의의

2002년 10월에 KWMA 주최로 '미전도종족 선교전략 포럼'이 열렸다. 그 포럼에서는 여러 선교지도자들에 의한 미전도종족 선교 전략에 대한 논의가 있었다. 그 논의들은 중요한 의미가 있었지만 "미전도종족 선교의 평가와 전망"이라는 총론적인 주제나 한국에서의 '종족입양전략'이나, '도시를 통한 종족사역전략' 등 주로 거시적인 전략적 주제에 국한되었다 (KWMA, 2002). 최근에 구체적으로 진행되고 있는 미전도종족 선교를 향한 선교사의 전략적 배치 논의도[1] 역시 거시적인

---

1) 2002년 6월 30일 KWMA 주최로 "선교사의 전략적 배치조정 협의 컨퍼런스"가 있었고 그 결과로 "한인선교사의 전략적 재배치 결의안"이 작성되었다.

전략의 범주에 속한다. 현장에서의 미시적인 차원의 선교전략에 대한 논의도 일부 있지만 그것이 현장 연구에 기반을 둔 것이라기보다는 이론적인 수준에서 전개된 것이거나[2] 소속 선교단체의 사역보고 형태를 지닌 것이 대부분이다.

한국 교회가 미전도종족 선교운동을 벌인지 10년이 되었고 많은 선교사들이 미전도종족 내에서 사역하고 있다. 그런데 현장에서 어떤 일이 벌어지고 있는가? 선교지에서는 어떤 전략이 사용되고 있으며 그 전략은 바람직한가? 이제 한국교회 미전도종족 선교의 새로운 10년을 맞이하면서 반드시 필요한 것은 현장에서 실제로 행해지고 있는 선교 상황과 전략에 대한 논의임에도 불구하고 이 부분에 대한 연구는 거의 없는 실정이다.

이번 연구는 위와 같은 문제의식을 가지고 선교현장에서 1) 한국선교사들에 의한 미전도종족 선교의 상황과 2) 그 사역 전략이 어떠한지를 살펴보기 위한 것으로 기획되었다. 한국선교사의 전략적 특징을 확인하기 위해 본 연구는 서구선교사의 전략적 입장을 참조하고자 노력하였다.

이 글의 순서는 다음에 본 연구의 방법을 간략히 소개한 후

---

2) 예를 들어 안식년를 맞이한 선교사가 쓴 임스데반(2003)이 있다.

에 미전도종족 선교전략을 분석하기 위한 이론적 배경을 살펴보고 이를 토대로 구성된 연구의 틀을 제시하고 있다. 그 후에는 두 연구지역에 대한 소개 및 교회와 사역상황을 정리한 후에 연구의 틀에 따라 이루어진 한국선교사의 미전도종족 사역전략에 대한 분석이 제시되고 있다.

2. 연구의 방법과 범위

본 연구는 2003년 초부터 기획되었으며 3월에서 5월까지의 문헌조사 단계를 거쳐서 7월 1일에서 8월 1일까지의 현지조사를 실시하였다. 연구지로서는 미전도종족이 주류를 이루는 새로운 선교지를 선택하였다. 중앙아시아 지역은 한국교회가 미전도종족 선교에 관심을 가진 90년대 초에 새롭게 선교지로 개방되어 비교적 사역초기부터 선교에 참여할 수 있게 된 곳으로서 이번 연구의 목적에 잘 부합되었다. 그곳 중에서도 카작스탄의 알마타와 타직스탄의 두샨베를 선정하였다. 그 도시에는 그 국가의 주류 미전도종족인 카작족과 타직족이 살고 있다.

현지조사를 위해 연구팀은 알마티와 두샨베 두 도시에서 각각 약 2주씩 체류하였다. 자료수집을 위해 사용한 방법은 주로 선교사나 현지 지도자, 그리고 현지교회 교인들을 만나서 인터뷰하고 교회나 선교사역 장소를 방문하여 관찰하는 것이었다.

본 연구의 범위 및 이에 따른 한계를 지적한다면 이 연구가 도시상황에서의 연구라는 것이다. 도시에는 농촌과는 달리 어떤 종족만의 집단적 거주지가 형성되어 있지 않고 다양한 종족 간의 혼재와 상호작용이 존재한다. 또한 도시상황에는 한 종족에 대한 맥락이 아니라 종족의 차원을 뛰어넘는 영향력들이 있다. 따라서 이 상황에서는 종종 한 종족만을 위한 교회를 설립하는 전략이 농촌에서보다 어려울 수 있으며 이것을 평가하는 것 역시 그러하다.

또한 연구지역의 선교 상황과 전략이 다른 곳과 일치하거나 여과 없이 적용된다고 볼 수는 없다. 그러나 이 연구가 한국 선교사의 미전도종족 선교 전략에 대한 논의의 출발점으로 삼을 수 있을 것이라고 생각된다. 이 점에서 본 연구는 시론적(試論的) 성격을 지닌다.

3. 이론적인 배경과 연구의 틀

일반적으로 전략이란 목표를 달성하기 위한 계획, 방법에 대한 전반적인 기술이라고 할 수 있다(Dayton and Fraser, 1990). 따라서 바람직한 전략의 첫 번째 구성요소는 올바른 목표이다. 그리고 그 전략의 두 번째 구성요소는 그 목표를 이루기 위해 얼마나 건전한 계획이나 방법 혹은 원칙이 있느냐 하는 것이다. 그러므로 이 글에서 선교전략을 파악한다는 것은 선교사들이 어떤 선교목표를 가지고 사역에 임하는지 그리고 그 목표를 이루기 위해 어떤 원칙이나 방법을 가지고 사역하고 있는지를 살펴보는 것을 의미한다.

미전도종족은 이미 해당 종족집단을 복음화할 수 있는 신자들의 자생적 공동체(교회)가 없는 집단이라고 정의되고 있다.[3] 따라서 미전도종족 선교의 목표는 일반적으로 종족단위에 자생적인 교회(indigenous church)를 수립하는 것이라고 정의될 수 있다. 자생적 교회의 설립은 "모든 족속으로 제자를 삼으라" 고 하신 지상사명(마28:19-20)을 완수하기 위한 가장 적절한 방안이기 때문이다. 왜냐하면 자생적 교회의 존재는 종족내 사람들이 복음을 들을 실제적 기회(valid opportunity)를 가질 수 있게 되는 것을 의미하며(Winter, 1984:38) 또 한편으로 제자는 교회를 통해서 길러질 수 있기 때문이다(Sanchez, 1993:630).

① 미전도종족 단위에 교회설립 초점이 있는가?
미전도종족 선교 목표를 달성하기 위해서 우선적으로 중요한 것은 사역자들이 종족 초점을 가지고 교회를 개척하고 있는

---

3) 1982년 시카고에서 열렸던 종족선교협의회에서 채택한 정의이다. 이 개념의 발전에 대해서는 Winter(1984)를 참조할 것.

가 하는 것이다. 랄프 윈터(Ralph D. Winter)는 많은 사역자들이 미전도지역에 나아가 있지만 사실상 전도된 종족 내에서 교회를 개척하는 사역을 하고 있다고 보고 있다(Winter, 2002). 교회가 개척되어 성장되었더라도 그것이 특정 미전도 종족을 위한 교회인지를 살펴볼 필요가 있다는 것이다. 종족 초점으로 개척된 교회가 오직 단일 민족 교회일 필요는 없다. 종족 초점의 교회개척은 다민족교회 설립을 배제하지 않는다. 단지 그 다민족 교회 내에 해당 종족의 언어로 종족 초점을 지닌 사역이 이루어지고 있는지가 중요한 것이다.

② 자생적 교회를 지향하는가?

미전도종족 선교목표를 이루기 위해 동시에 중요한 것은 종족 내 교회개척이 자생적 교회를 지향하는가 이다. 그렇다면 자생적 교회는 어떤 교회인가? 자생적 교회라는 개념은 종종 토착교회라는 개념과 혼용되고 있다.[4] 토착교회 개념은 역동적 등가교회, 혹은 상황화된 교회라는 개념과 동일시되기도 한다. 과거 토착교회의 특징을(설립원리를) 이야기하면서 학자들

---

4) 이 글에서는 토착적 교회라는 용어보다는 자생적인 교회라는 용어를 선호한다. 그 이유는 우리말에서 '토착'이라는 개념이 교회개척에 있어서 너무 문화적인 측면에 강조점을 두고 있는 것처럼 보이기 때문이다. 자생적 교회는 문화적 토착화의 개념을 포함하면서도 동시에 주변 종족사회에 대한 전도 및 사회적 책임을 강조하는 교회로서 미전도종족 선교의 목표에 보다 부합한 의미를 전달해 준다.

은 토착교회는 3자(3-self) 원칙[5]이나 6자(6-self)원칙이 실현된 교회(Tipett, 1987)라고 보았다.[6] 하지만 일부 학자들은 자립, 자치, 자전과 같은 자(自)개념이 교회의 토착화운동에 필연적으로 나타나는 것은 아니라고 보기도 한다(스몰리, 2000)[7]. 랄프 윈터는 미전도종족 선교의 목표로서 토착적일 뿐만 아니라 생명력 있는(viable) 교회설립 개념을 제시하였다. 이것은 "선교학적 돌파(missiological breakthrough)"라는 개념으로 소개되기도 하였는데 그는 이 개념에서 자생적 교회가 외부의 (국외의) 그리스도인 공동체로부터 독립된 교회일 필요가 없으며 지속적인 외부의 도움을 배제하는 것이 아니라는 점을 분명히 하였다(Winter, 1981:65-66). 비슷한 맥락에서 토착교회의 특성으로서 자(自)의 원칙보다는 '교회의 재생산성'을 제시하기도 했는데 예를 들어 찰스 브록(Charles Brock)은 토착적 교

---

5) 헨리 벤(Henry Venn)과 루프스 앤더슨(Rufus Anderson)의 제안으로서 자치, 자립, 자전(self-government, self-support, self-propagation)의 원칙이 실현된 교회를 뜻한다.

6) 3자 원칙을 확대하여 알란 티펫이 제시한 6자 원칙은 self-image, self-function, self-government, self-support, self-propagation, self-giving을 말한다.

7) 스몰리(William A. Smalley)는 자치적이면서도 토착적이지 않은 교회가 있을 수 있으며 외국인에게 운영되면서 토착적인 교회가 존재한다고 본다. 경제적인 자립이 토착교회에 반드시 있어야 하는 것은 아니며 교회가 이국적이기 때문에 자전이 일어날 수 도 있다고 본다. 그는 토착교회의 본질을 교회가 하나의 사회로서 그 사회적 상호작용의 방식이 지역사회의 기존방식을 따르고 있는 지에 달려있다고 보고 있다(스몰리, 2000:439-440).

회란 바로 물질적 사용, 교회개척 전략, 지도력의 측면에서 재생산하는 교회라고 보았다(Brock, 1981).[8]

우리는 위와 같은 토착교회 설립 원리들을 참고하고 보다 최근의 논의들을 고려할 때 자생적 교회를 설립하는 몇 가지 원칙을 다음과 같이 정리할 수 있을 것이다.[9] 이 원칙들은 본 연구에서 자생적 교회설립을 위한 한국 선교사들의 전략적인 입장을 살펴볼 수 있는 분석틀로 사용될 것이다.

첫째로, 자생적 교회는 자립적 교회이다. 여기서의 자립의 의미는 외부의 도움이 없이도 사역을 재생산할 수 있는 자립적 현지 지도력과 재정적 능력의 존재를 말한다. 자립적 현지 지도력의 개념은 자치의 개념과 연결된다. 자치는 현지인이 전도

---

8) 그는 이러한 관점에서 재생산하는 교회의 개척 원칙을 다음과 같이 요약한다. 첫째, 물질적 사용에서 재생산 가능성(현지인이 사용불가능한 장비나 자원의 사용의 최소화)이다. 많은 유지비용이 드는 교회건물이나 시설 등은 선교사가 철수한 이후에도 현지인이 사용할 수 있을지 의문이다. 둘째, 교회개척전략이 현지인들에 의해 그대로 반복될 수 있는 것이어야 한다. 선교사가 떠나도 현지인들에 의해 수행될 수 있는 교회개척이 되어야 한다. 셋째, 교회개척 시 선교사는 재생산 가능한 지도력을 구사하고 세워야 한다. 그 지도력은 자민족 복음화를 위해 헌신된 자발적인 현지 지도력이 되어야 할 것이다. 브록은 또한 교회개척자는 교회개척의 첫 씨앗을 뿌리는 순간부터 교회가 계속 사라가며 성장하는 과정 내내 모든 영역에서 재생산 가능성을 생각하며 고려해야 한다고 말한다. 임스데반(2003:15-16)에서 재인용.

9) 자생적 교회의 개념에 대해서는 일치된 의견이 존재하는 것 같지는 않다. 따라서 본 연구는 자생적 교회 개념에 대한 조작적인 정의(operational definition)를 내리고 있다.

와 사역 방법에 대해 스스로 의사결정해 나가는 것을 포함해서 교회를 스스로 통제한다는 의미의 기능적 자치를 의미한다고 할 수 있다.

재정적인 면에서 자립적 교회란 자급 즉 교회유지를 위한 모든 비용을 현지인의 헌금에 의존하는 것으로만 이해해서는 안된다. 자립의 개념에는 이중적 직업을 지닌 목사의 존재를 포함할 수 있으며(Sanchez, 2003:638), 사역을 위해 외부에서 후원금을 조달하지만 그 할당을 자체적으로 통제하는 것을 인정할 수 있다. 왜냐하면 자급하는 것이 근본 목표라기보다는 교회자체의 힘과 재원이 그 지역 주민들을 복음화하고 섬기는데 능동적이고 자기 생존적인 교회가 되는 것이 중요하기 때문이다(Smith, 2003:599). 이 점에서 재정적인 자립은 자치와 밀접한 관련이 있다.

둘째로, 자생적 교회는 **상황화 된 교회**이다. 상황화 된 교회는 선교사들의 고국교회들의 유형을 독창성 없이 따르지 않는다. 상황화 된 교회의 개념에는 교회에서의 의사소통, 교회정치와 행정, 예배 형태, 건축방식 등의 현지화를 포함한다. 상황화의 범위나 내용에 있어서는 어떤 확정된 것이 없다. 오히려 맥가브란이 말한 것처럼 "상황화의 가장 강력하고 핵심적인 관심사는 개종자들이 기존 전통적 사회적 상황 속에 그대로 머물면서 동시에 새로 창조된 교회공동체의 일원이 되도록 하는 것이다. 이것은 불가능하지는 않지만 매우 어려운 과제이다. 그런데 만약 개종이 기존 공동체에 의해 동족을 배반하고 친족들과 단절하는 것으로 받아들여진다면 이는 상황화의 실패이며 교회성장의 중요한 장애요인이 된다. 실제로 동족을 배반하는가 여부는 중요치 않다. 현지인들에게 그렇게 받아들여지는 자체가 바로 교회성장의 걸림돌이 된다."(McGavran, 1979:14).[10] 따라서 상황화는 선교사의 기준에 의해서가 아니라 현지인의 내부자적 관점에서 그 내용과 범위가 규정될 수 있다.

그러나 상황화에는 기독교와 비기독교적 요소들의 혼합이나 타협이 배제되어야 한다는 전제가 있다. 건강한 상황화란 주어진 상황에서 효과적이고도 상관적이게 의사소통할 필요와 메시지 자체가 의미 있고 각성시키는 복음의 종합성을 유지할 필요 사이에서 균형을 유지해야 한다(Eitel, 2003:432).

셋째로, 자생적 교회는 제자화된(영적으로 성숙한) 교회이다. 교회의 자생적 성장을 양적 성장의 관점에서 보는 것의 한계를 선교계는 점점 인식하고 있다(Engel and Dyrness, 2000; Johnson, 2001; 이태웅, 2003 등). 양적 성장(교회성장)을 추구하면서도 단순한 복음전도의 확대와 이로 인한 신자의 수 증

---

10) 임스데반(2003:16-17)에서 재인용.

가가 아니라 제자화의 중요성이 사역 목표에서 반드시 다루어
져야 한다. 제자화를 자생적 교회의 목표에 포함시키지 않았기
때문에 서구 선교의 성공사례 하나로 간주되었던 르완다에는
공식적인 통계로 80%의 신자가 있었지만 그들 가운데 가장 심
각한 학살이 일어나기도 했다.

현지교회의 자립이나 상황화에 대한 강조는 교회의 제자화
에 대한 무시를 종종 만들어내기도 한다. 선교지 신생 교회의
생명에 있어서 가장 중요한 요소는 자치가 아니라 그리스도의
통치이고, 독립이 아니라 그리스도를 의존함이라는 사실을 내
부적으로 인정해야만 비로소 외부적으로 그 결과(성장)가 나타
나리라는 점을 인식해야 한다(Sundkler, 1965:43).[11] 그리스
도의 통치가 없는 자치는 현지 지도력의 실패를 이끌어낼 수
있다. 말씀과 윤리적인 기반이 어느 정도 갖추어지지 않은 상
황에서 빠른 지도력 이양이 이루어질 때 교회는 많은 문제에
부딪히기도 한다.

넷째로, 자생적 교회는 선교하는 교회여야 한다. 선교적 교
회란 우선 활발한 전도를 통해 배가하는 교회라는 개념으로 이
해할 수 있다.[12] 즉 자생적 교회는 이미 세워진 현지교회가 주

---

11) Eitel(2003:437)에서 재인용

체가 되어 다른 교회를 개척하는 교회가 되어야 한다. 미국 남침례교단 선교부가 제시하고 있는 교회개척운동(CPM)의 개념은 이 점을 최대한 강조하였다(Garrison, 1999). 현지 교회가 선교적 관심을 가지지 못한다면 교회배가에 실패할 뿐만 아니라 교회의 생존 능력자체가 위협받는다. 역사적으로 볼 때 선교하지 않는 교회는 쉽게 사라져갔다.[13]

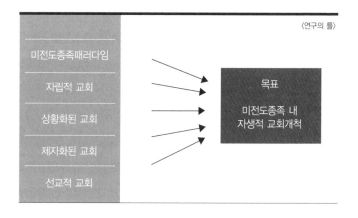

〈연구의 틀〉

미전도종족패러다임
자립적 교회
상황화된 교회
제자화된 교회
선교적 교회

목표

미전도종족 내
자생적 교회개척

---

12) 교회배가의 원리와 위험에 대해서는 Patterson and Currah(2003)을 참조할 것.

13) 허버트 케인은 기독교세계선교사에서 "이슬람교가 발흥한 7세기에 북아프리카 지역의 기독교회는 가장 엄청난 손실을 보았다. 북아프리카 교회가 아무리 외적으로(숫자적으로나 교리적으로) 강성했다고 하더라도 주변의 사람들에게 복음을 전하는 사명이나 토착화에 실패했을 때 그 교회는 오래 지속되지 못한다는 점을 발견한다. 즉 북아프리카의 교회는 선교적 교회가 아니었다는 것이 교회가 쉽게 사라진 결정적인 요인이었다."고 말하고 있다(케인, 1981:76-78).

선교적 교회가 된다는 것은 현지 교회가 전도를 통해 스스로 배가하는 것뿐만 아니라 지역사회를 위해 사회적 책임을 느끼고 봉사하는 교회라는 의미도 포함한다. 봉사하는 교회는 티펫 (A. Tippet)이 언급한 지역사회를 위해 교회재정을 사용하는 자헌금(self-giving)하는 교회를 의미하기도 하지만 재정적인 기여뿐만 아니라 주변의 사회적 필요를 적극적으로 채우고자 노력하는 다양한 방법을 사용하는 것을 의미한다. 자생적 교회는 아무래도 오늘의 상황 속에서 신약시대의 삶과 사역을 재생산해내는 교회여야 할 것이다. 자생적 교회는 바울 시대 교회들이 아시아나 헬라 지역에서 만들어낸 것과 동일한 역동성을 그들의 문화 속에서 산출한다(Kraft, 1973).

선교사들은 자신의 사역을 시행할 때부터 자생적 교회설립을 위해 위에서 언급된 원칙을 인식하고 현지인 신자들을 고무해야 한다. 그리고 선교사들은 자신이 현지인들과 함께 사역을 할 때 역할이 변화될 필요성이 있다는 사실을 알고 있어야 한다. 역할 변화는 진정한 신뢰와 협력 정신을 통해 새 개척교회가 성경적으로 균형 있고 건강한 자생성을 향하여 움직이고 양육 받도록 하는 것이다.

그런데 위에서 언급한 자생적 교회를 설립하기 위한 원칙들이 서로 보완적이지만 때로는 경쟁적이거나 충돌하는 것이라는 점을 인식해야 한다. 이점에서 미전도종족 선교사역 전략의 평가에 있어서 어려움이 존재한다. 예를 들어서 빠르게 재생산하는 교회가 되는 것은 어느 순간에 제자화된 교회가 되는 목표와 충돌할 수 있다. 즉 양과 질의 목표는 함께 추구되기도 하지만 때로는 서로 상충하기도 하기 때문이다.

2. 교회개척 및 한인 선교사의 사역 상황

1. 도시개관

1) 카작스탄의 알마타

카작스탄의 알마타는 1997년 북부 아스타나로의 수도 이전으로 말미암아 정치적인 수도로서의 지위를 잃었지만 여전히 경제와 교육, 문화의 중심으로써 사람들은 아스타나를 북부 수도, 알마타는 남부 수도라고 부르고 있다. 알마타의 인구는 1999년 현재 공식적으로 약 120만 명이며 카작인의 비율은 점차 증가하는 반면 러시아인의 비율은 감소하고 있다. 현재 알마타에 거주하고 있는 대표적인 미전도종족 집단은 투르크계에 속하는 주류민족인 카작족 외에도 위구르, 타타르, 아제르, 우즈벡, 키르키즈 인들이 있으며 인도-이란계열인 타직, 쿠르드, 유라시안계열의 인구쉬, 체첸, 중국-티벳계열에 속하는 둔간족 등이 있다. 도시인구는 계속 증가상태에 있는데 주로 이주자들에 의한 증가이다. 유럽과 아시아를 연결하는 길목에 위치한 알마타에는 주변지역에서 들어오는 물건들이 교류되는 거대한 시장들이 생겨나고 있다. 실제 이러한 시장들은 지방과 외국에서 이주해 들어온 카작인들과 소수민족들에게 생활의 기반을 제공하고 있으며 샹으락을 비롯하여 이주민들의 정착지가 시 외곽에 늘어나면서 알마타시의 규모자체도 크게 확장되고 있다.

2) 타직스탄의 두샨베

타직스탄의 수도인 두샨베는 타직스탄의 행정중심일 뿐만 아니라 산업과 경제, 문화의 중심지이다. 2002년 통계로 두샨베의 인구는 약 59만 명으로서 알마타보다는 훨씬 작은 규모의 도시이지만 도시계획이 잘 이루어져 있는 아름다운 도시이다. 두샨베에는 페르샤계의 주류민족인 타직인이 주된 거주민이지만, 우즈벡인, 러시아인, 아프간난민 등이 소수 거주하고 있다. 알마타와 같이 구소련에 건설된 도시로서 두샨베에는 아직도 외관상 유럽풍의 분위기가 남아있기는 하지만 알마타와는 달리 러시아인들의 비중이 낮아(7%수준) 러시아어를 거의 들을 수 없고 생활수준이 알마타보다 현저하게 낮으며 실업율도 높다.

3) 두 도시의 공통점

이러한 두 도시의 민족적-경제적 차이에도 불구하고 두 도시를 방문하는 사람들은 무언가 유사성을 느낄 수 있을 것이다. 그것은 주로 두 도시에서 구소련 시대에 건설된 도시로서 정원 분위기가 나는 소련식 도시외관과 사회주의와 자본주의적 면모가 혼합되어 있는 사회경제 체제를 발견할 수 있기 때문일 것이다. 두 도시는 소련이 건설해 놓은 주택이나 기반시설의 혜택을 누리고 있지만 동시에 교육이나 실업문제, 사회복지 시스템의 와해 등 구소련 시절의 부정적 유산을 동시에 이어받고 있다. 더욱이 공산당 출신의 권위주의적인 지도자들이 통치하는 정치체제나 NGO설립의 자유가 보장되어 있는 등 비교적 대외에 개방적인 분위기까지 두 도시는 유사성을 지니고 있다.

2. 교회개척 상황

1) 독립이후의 간략한 교회개척 역사와 상황

구소련으로부터의 독립 후 10여 년이 지난 지금 두 도시에서는 수많은 신자들과 교회가 생겨났으며 복음이 역동적으로 전파되고 있다. 알마티에서는 1993년 첫 번째 등록 교회가 생긴 이래 지속적으로 교회가 성장하고 있다. 특히 1991년까지만 해도 카작족 신자는 고작 40여명에 불과했고 카작민족 교회는 단 한 개도 없었는데 현재는 120여개에 이르고 전체교인수도 10,000명을 넘어설 정도가 되었다.[14] 혹자는 예수를 영접했지

---

14) 카작스탄의 전체 교회 수는 등록교회가 850개 정도, 미등록교회를 합치면 약 1,600개 정도가 된다고 한다.

만 교회에 출석하지 않는 교인까지 합하면 15,000명쯤 될 것으로 보고 있기도 하다. 카작스탄은 독립 후 특히 1994년부터 1997년까지 경제적으로 아주 어려운 시기였는데 이 시기에 교회성장이 가장 빠르게 일어났다. 이 시기에 사람들은 '예수를 믿으면 모든 것이 잘 될 것이다'라는 막연한 기대를 가지고 기독교가 자신들의 삶의 어려운 정황들을 해결해 줄 수 있을 것이라고 생각했다. 그러나 빠른 교회성장세는 최근 사회경제적인 안정과 더불어 둔화되고 있다고 한다.

카작스탄에는 러시아인 교회, 고려인 교회, 위구르족 교회, 카작족 교회 등 다양한 민족을 목표로 세워진 교회들이 많지만 교회성장은 주로 러시아인 위주의 다민족 교회에서 이루어지고 있다. 알마타에서 두드러지는 다민족 교회는 은혜교회, 새생명교회, 기쁨교회 등이다. 알마티와 그 근교에는 22개(카작어 예배가 있는 다민족 교회 포함, 2003년 현재) 카작민족 교회가 있으나 교인 수는 정확하게 집계되지 않았다. 카작어로 예배를 드리는 교회들도 다양한 형태를 띠고 있다. 즉 다민족 교회 내에 카작어 예배가 있기도 하고, 카작민족 교회가 있기도 하다. 한국인 선교사가 세운 살렘교회는 지금 현재 알마타의 대표적인 카작민족 교회라고 볼 수 있다.

타직스탄의 경우 구소련으로부터의 독립과 더불어 곧바로

시작된 6년여의 내전으로 기독교 선교가 초기부터 상당히 위축되었다. 전쟁말기인 1995-96년은 특히 어려웠다. 이 시기 듀샨베를 비롯한 여러 지역에서 선교사들은 NGO 사역에 주력하였다. 그러다가 내전이 종식되고 1997-98년에 들어서면서 교회개척이 활발하게 시작되었으며 2000년이 되어서는 많은 현지교회들이 등록하기 시작했다. 현지인들에게도 기독교가 생소하게 느껴지지 않는 분위기이며 사역자들이 과감한 사역을 진행하기 시작했다. 전에는 정부의 반응이나 정책들을 관망하며 조심스럽게 움직였는데 현재는 NGO 사역이나 직접적인 교회개척의 면에서 사역의 폭을 훨씬 넓혀가고 있는 실정이다. 현재 두샨베의 사역자들은 지금이 기독교 사역을 위한 절호의 기회라고 보고 있는 것 같다.

　　두샨베에서 보거나 전해들은 교회들은 알마타의 그것보다 규모도 훨씬 작고 역동성도 덜했다. 하지만 내전의 종전과 함께 본격적으로 시작된 기독교 사역은 짧은 기간임에도 불구하고 건강하고 견고하게 기초를 형성하고 있음에 틀림없다.

　　2002년 현재 두샨베에는 다민족 교회를 포함해서 23개의 등록교회가 있으며 지하교회나 등록을 준비하는 교회도 꽤 여럿 있는 것으로 파악되었다. 두샨베의 타직족 신자 수는 정확히 집계되지 않았으나 타직스탄 전역의 타직족 그리스도인은 약 1,000명 선인 것으로 추산된다.

두샨베에서 사람들의 주목을 받고 있는 교회들 역시 다민족 교회이며 타직민족 교회는 규모로 보나 역사로 보나 다민족 교회에 비교가 되지 않을 정도로 미약했다. 주목할 만한 다민족 교회로는 선민교회, 세상의 빛교회, 벤엘교회, 러시아침례교회 등을 들 수 있다. 선민교회와 세상의 빛교회는 한국인 사역자에 의해 개척되었으며 고려인과 러시아인들을 중심으로 교회가 시작되었다. 벤엘교회는 우즈벡 출신의 고려인에 의해 개척된 교회이며 러시아 침례교회는 74년이라는 긴 역사를 가진 교회이다. 등록된 타직민족 교회는 서구 선교사의 도움으로 개척된 부활교회와 팀 오디슨이 개척한 오순절 계열의 교회가 있다.

2) 교회성장에 미친 환경적 요인들

10여년 전까지만 해도 기독교인이 거의 없었던 카작, 타직민족가운데서 절대 수는 아직 작다하더라도 급격한 성장이 있었던 것에는 하나님께서 개입하신 환경적 변화를 언급하지 않을 수 없을 것이다. 우선 다음과 같은 4가지 요인을 들 수 있을 것이다.

① 정치적인 면에서의 개방

구소련으로부터 독립한 후 카작스탄의 나자르바예프 대통령과 타직스탄의 라흐마노프 대통령은 자신들의 장기집권 체제를 지향하면서 동시에 시장을 개방하여 경제발전을 꾀하려 하고 있다. 이를 위해 두 나라는 서구 선진 기술과 자본을 적극적으로 유치하는 것이 당면과제가 되었다. 이러한 필요들이 외국의 NGO가 들어가는 기회가 되었고 이런 기구들과 더불어 기독교가 자연스럽게 들어가게 된 것이다. 물론 두 나라 공히 기독교에 대해선 끊임없이 경계의 태세를 갖추고 있기는 하지만 두 나라는 모두 선교사 비자를 내주고 있다.

② 사역에 우호적인 제도적 변화

기독교 선교사역에 우호적으로 제도가 변한 것은 아니지만 NGO에 대한 우호적인 제도 개선과 변화가 선교사역에도 많은 도움을 주고 있다. 두 나라는 NGO 등록과 절차를 보다 간편하게 하기 위해 법을 개선했다. NGO설립의 자유는 선교사 입국의 주요 수단이 되었을 뿐만 아니라 교회개척을 위한 접촉점과 사역 기반을 마련하는데 큰 도움을 주었다.

③ 수용적 계층의 등장

오랜 러시아의 지배는 토착민족 내에서 러시아화된 사람들을 만들어냈다. 이들 중 러시아어를 사용하고 오랫동안 도시에서 생활한 사람들은 강력한 이슬람의 배경을 갖고 이슬람 종교 지도자들로부터 교육을 받은 농촌 출신들보다 복음에 더 수용적이다. 이들은 러시아인과 함께 러시아어를 사용하는 다민족 교회의 주된 구성원이 되었다.

최근에 시골에서 도시로의 이주가 급격하게 이루어지면서 이주민들이 교회에 나오는 경우도 많아졌다. 그들은 도시에 와서 선교사들로부터 영어나 컴퓨터를 배우면서 또는 NGO 단체들과의 관계를 가지면서 복음을 듣게 되었고 시간이 지나면서 신자가 되었다.

④ 6년여에 걸친 내전

타직스탄의 경우 내전의 경험이 선교에 긍정적인 영향을 주었다는 것에 모두 동의하고 있다. 주로 반군의 입장에 있었던 급진 이슬람교도들은 많은 동료 무슬림들을 죽이기도 하였는데 이것이 이슬람과 그 지도자들에 대한 대중의 인식에 많은 영향을 주었다. 어떤 신자는 "전쟁이 없었다면 지금 아마 강한 무슬림이 되었을 것"이라고 고백했다.

3) 향후 사역환경의 도전들

겨우 10여 년 동안 사역이 진행되었기에 현시점에서 향후 교회성장에 대한 전망을 언급하는 것은 시기상조일 것이다. 그러나 사역환경에 있어서 어떤 변화는 감지되는 것 같다.

카작스탄의 경우 앞서 언급했듯이 1997년까지 급격한 교회의 성장이 있는 반면 1999년 이후 성장세가 둔화되고 있다. 그 이유로는 세속주의와 물질주의를 들고 있다. "1997년까지 경제적 어려움이 있어서 교회에 몰려왔으나 그 후 생활이 나아지면서 점차 기독교에 대한 관심이 줄어들고 있다. 그래서 나는 미래가 시골에 있다고 생각한다."(현지인 A목사)

어떤 현지인 사역자는 "알마타는 모든 것이 너무나 빠르게 변하고 있다. 불과 몇 년 전까지만 해도 신자들은 가정에서나 교회에서 예수 그리스도에 대해 이야기했다. 하지만 이제 그들은 어떻게 살 것인가에 대한 고민과 염려로 가득한 삶을 살고 있다."고 말한다.

한편 기독교가 성장하면서 여론의 관심과 함께 무슬림이 지배적인 사회 속에서 기독교에 대한 경계가 증가하고 있다. 예를 들어 TV에서는 "외국에서 선교사들이 와서 예수를 믿게 하고 돈을 준다. 이들의 최종목적은 종교를 바꾸게 하는 것이다."라는 정보를 제시하기도 하고 농촌에서 도시로 가는 자녀들에게 부모들이 기독교를 접하지 말라고 단속하는 일이 흔해졌다.

카작스탄에서는 독립 후 처음 사역을 시작했을 때 어떠한 사역스타일이나 전도방식 등도 교회의 양적 성장에 문제가 되지 않는 것처럼 보였다. 하지만 10여 년이 지난 지금은 이러한 비우호적인 분위기가 조성되면서 앞으로는 보다 전략적인 사역이 절실히 요구된다고 볼 수 있고 실제로 그러한 시도와 노력을 끊임없이 해 온 교회들이 성장 발전하고 있다.

타직스탄 두샨베의 경우에 카작스탄보다 아직 선교초기이기는 하지만 2000년 두샨베의 가장 큰 교회인 선민교회에 폭탄테러가 가해진 사건을 통해 보면 무슬림 사회 속에서 기독교에 대한 인식과 경계가 증가하고 있다고 보아야 할 것이다.

3. 한국 선교사의 사역 성과들

1) 선교사의 배치상황

■ 알마티

카작스탄에서 사역하는 한국인 사역자는 전체적으로 230여 명에 이르며 이들 중 많은 수가 알마티에서 사역하고 있다. 서구 선교사들은 더 많은 수가 있다. 알마티에서 사역하는 선교사(한국인, 서구인 포함)들의 파송단체와 소속선교회를 살펴보면 침례교, 예장통합, 감리교, 고신, 장로고려, 장로교계약, 장로교호헌, 성결교, 예장합동, 순복음, 미국장로교, 미장로교합동그레이스, 미국 남침례, 게바선교회, 온세상, C.C.C, WEC, YWAM, OM, 인터서브, 아가페, 바울선교회, 임마누엘, JAMA, UBF, JWK, 인터콥 등이다.

■ 두샨베

두샨베에는 한국인 사역자 총 30명(12가정 6싱글)과 서구선교사 25-30명 정도가 거주하며 사역하고 있다. 한국인 선교사들이 서구 선교사들보다 수가 많아서 선교의 주력부대를 형성하고 있다고 해도 과언이 아닐 것이다. 한국인 선교사들은 GMS, 인터콥, MVP 등 소속으로 파송되었으며 서양 선교사들은 OM, 남침례교, 미국 장로교, 프론티어 선교회 출신들이다.

2) 한국 선교사의 사역 열매들

한국 선교사들은 사역 초기에 주로 고려인 중심으로 사역을 진행했고 그들을 발판으로 활발한 교회개척이 이루어졌다. 그 결과 다민족교회가 자연스럽게 형성되었다. 최근에는 단일 종족교회를 세워서 사역하는 경우도 증가하고 있다.

알마티의 은혜교회와 두샨베의 선민교회는 그 지역에서 거의 최초로 세워진 교회이며 동시에 각 국가에서 가장 큰 규모의 교회들인데 모두 미국 LA에 있는 은혜교회에서 파송한 한국인 선교사에 의해 개척되었다. 이들 모두 은사주의적인 지도력을 행사하고 있다. 이 교회들을 두고 여러 가지 비판의 목소리도 있지만 적어도 현지에서 기독교의 존재를 알리는데 중요한 역할을 하고 있다. 은혜교회를 세운 김삼성 목사는 강의나 책으로 한국에 꽤 알려져 있으며 선민교회의 경우 2000년에 있었던 폭탄 테러 사건으로 인해 한국에서도 유명해 졌다.

이 지역에서 사역하고 있는 한국 선교사들은 선교주력부대로서 많은 기대를 받고 있고 실제로 많은 사역의 열매를 보이고 있다. 다음에는 한국교회에서 파송된 선교사가 이룩한 비교적 성공적인 교회개척 사례 몇 가지를 소개하고자 한다.

■ 다민족 교회의 사례

– 세상의빛교회

세상의 빛 교회를 시작한 L 선교사는 1998년 4월에 타직스탄에 입국해서 이웃사랑회와 협력으로 고아원 사역을 시작했다. 또한 학생들에게 한글과 컴퓨터를 가르치면서 제자훈련을 시작했다. 이 모임은 3개월 만에 50명으로 늘어날 정도로 인기가 있었다. 2001년 7월에는 이 학생들을 중심으로 교회를 시작했다. 타직에서 교회를 등록하기 위해 현지인 10명의 서명을 받아서 정부에 제출해야 하는데 쉽지 않았다. 정부의 압력과 핍박을 두려워하기 때문이다. 후임 선교사들이 들어와서 그들이 전문적인 분야에서 사역을 할 수 있도록 하기 위해 세상의 빛 선교단체를 정부에 등록했다. 타직에서는 선교단체 등록을 할 수 있다. 예로 두샨베에서 가장 먼저 교회를 개척한 선민교회도 선교단체로 등록되어 있다. 교회는 청소년들을 중심으로 개척되었지만 부모들의 통제 하에 있는 청소년들만으로 운영되어지기는 불안정했다. 그래서 독거노인과 여성들을 대상으로 사역을 시작했다.

세상의빛교회는 셀 중심으로 운영되어지고 있으며 현지인

사역자들을 양성하는데 주력하고 있다. 러시아어를 사용하는 사람들을 중심으로 교회가 개척되었지만 타직어에 능통한 사역자가 가세하면서 타직인 그룹도 건강하게 커가고 있다. 주일 예배에는 약 200명 정도가 참석하고 있다.

■ 민족교회의 사례

– 살렘교회

살렘교회는 알마티에서 약간 떨어진 알말르박이라는 곳에 J 선교사가 개척한 교회이다. 이 교회는 처음에는 카작민족 교회로 시작했지만 사역이 확장되면서 카작인 외에도 다양한 민족이 참여하는 교회로 바뀌었다. 하지만 여전히 카작인을 대상으로 한 카작어 예배를 드리고 있다. 살렘교회가 이 지역에서 교회개척을 할 수 있게 된 것은 카작–미국 학교였다. 그것은 카작스탄에 생긴 최초의 사립학교로, 100명의 카작 학생들을 받아들임으로써 1992년 10월 5일 문을 열었다. 교과과정에 대한 양쪽의 첨예한 입장대립, 갈수록 누적되는 재정 적자, 교육부의 의심으로 인해 학교 등록의 실패, 미국 측으로부터 교사들을 더 이상 지원받을 수 없게 된 점 등으로 인해 마침내 1995년 학교가 문을 닫기에 이르렀다. J 선교사는 이곳에서 태권도 사범을 했었고 이 학교 사역을 통해 생겨난 열매를 중심으로 교회를 시작했다. 1998년에는 200명이 넘는 카작인들이 알말르박과 알마티에 기반을 둔 18개의 셀에 연결되었고 교회에 출석하게 되었다. 지금은 약 700여 명의 신자가 있다고 하는데 그 중 650명이 카작인이다. 이외에도 살렘교회는 국가내의 다른 지역에 7개의 지교회를 개척하고 있다.

- 우뭇교회

우뭇교회를 개척한 K 선교사는 1993년 카작스탄으로 파송되어 2년간 언어를 공부하며 종족단위의 교회개척의 방법과 모델을 찾기 위해 고심했었다. 우뭇교회는 카작에 온 지 2년 반만에 개척했다. 당시 알마티에는 카작어를 구사할 줄 아는 카작인이 거의 없었고 대부분의 도시 카작족들은 러시아어를 사용했다. 그래서 처음에 카작어를 배우면서 고민도 많이 했다고 한다. 언어를 마치고 교회개척을 준비하던 중 TV에서 농촌에서 도시로 나오는 이주민들의 모습을 보며 '이농현상'에 관심을 갖기 시작했고, 카작어를 사용할 수 있는 이주민들을 대상으로 사역하는 이주민 전략에 관심을 갖게 되었다. 주변의 카작족들에게 이주에 대한 것을 물어보자 친척들이 도시로 많이 오고 있고, 군집을 이루며 거주하는 카작인의 특징대로 이들이 모여 살고 있다는 것을 확인했다.

교회를 개척했을 때 K 선교사 가정과 언어선생, 보조선생 등 4-5명이 예배를 드렸다. 교회를 개척하면서 셀 교회 방식을 도입했다. 처음에는 매우 성공적이었다. 셀 모임에 15명 이상의 카작인들이 모였다. 고정적으로 셀 모임에 오는 사람들이 생기며 셀이 나누어지고, 리더들도 세워졌다. 그러나 두 세대를 넘어서면서 셀의 번식이 되지 않았다. 리더십의 문제에 부딪힌 것이다. 100명 이상이 모인 적도 있었지만 현재는 40명 정도 예배에 참석한다. 현재는 직업소개소 운영, G12와 전도를 위한 알파코스 등을 도입하여 새로운 도약을 시도하려 하고 있다.

3. 한국 선교사들의 미전도 종족 사역전략 분석

1. 선교 대상과 목표 : 종족 패러다임의 문제

1) 상황

앞서 지적했듯이 선교사들이 미전도종족 초점의 선교 패러다임을 지니고 있는지는 미전도종족 복음화를 위해 아주 중요하다. 이를 위해 우선 다민족이 공존하는 중앙아시아에서 목표 종족을 정하고 사역하는 것은 전략적으로 중요한 것이다. 한국 선교사 중에 여러 선교사들은 종족 사역의 필요를 느끼고 있으며 10여년이 지난 지금 그들이 개척한 다민족 교회 내에서도 종족 예배를 시작하거나 규모는 작지만 단일 민족 교회개척을 추구하는 선교사도 생겨나고 있다. 어떤 선교사는 교단 선교부의 요청에 따라 러시아어로 하는 다민족 사역에서 단일종족 사역으로 전환하기도 하였다. 이 지역에서 보여준 획기적인 사역의 열매에도 불구하고 분명한 종족 초점을 가지고 미전도종족 사역을 하는 사람은 한국인 선교사 가운데 아직 소수에 불과한 것으로 보인다. 대다수의 한국 선교사들은 이 지역에서 고려인이나 러시아어를 사용하는 불특정 다수를 대상으로 사역을 하고 있다. 예를 들어 알마타의 경우에는 200명이 넘는 한국인 사역자 중에 약10%만이 카작어로 카작족 사역을 하고 있는 실정이다.

이 사정을 두고 미 남 침례교단의 중앙아시아 선교책임자인 G 선교사는 한국선교사 모임에 와서 다음과 같이 지적하기도 하였다.

"카작스탄 안에서 사역하고 있는 230명의 한인 선교사 중에 카작 민족을 향한 사역에 고작 13%에 해당되는 선교사들만이 관여하고 있습니다. 그러나 카작스탄 인구 중에서 최소 53%가 카작민족임을 고려해 볼 때 사역의 진보에 대한 여지가 있음을 알 수 있습니다."("중앙아시아의 카작민족 복음화에 있어서 한국 교회의 책임", 카작 한인 선교사대회 발표논문)

그가 비록 우회적으로 지적하기는 했지만 이 결과는 다소 충격적이다. 중앙아시아에 파송되는 선교사들은 대부분 무슬림권에 나아가는 것으로 생각될 것이다. 그럼에도 불구하고 90% 정도나 되는 카작스탄의 사역자들은 고려인이나 정교회 배경의 러시아인들을 향해서 사역하고 있는 것이다. 이미 인구의 절반 이상을 카작족이 차지하고 있음에도 불구하고 카작스탄의 230여 한국인 사역자 중 10%가 약간 넘는 사람들만이 카작족에 집중하고 있는 것은 심각한 사역의 불균형 상태라고 하지 않을 수 없다.

미전도종족 사역자의 배치뿐 만 아니라 기존 다민족 사역자들이 종족 패러다임을 가지는 것이 요청된다. 현재 사역자의 주류를 형성하고 있는 다민족 사역자들과 종족 중심사역을 하는 사역자들 간에 의견의 차이가 나타나거나 내재적인 갈등이 존재한다. 다민족 사역을 위주로 하는 한국인 선교사 사회의 분위기 속에서 단일 민족 교회를 지향하는 선교사들은 때로 민족 분리주의자로 오해받기도 하였다.

2) 교회개척 모델에 대한 견해 차이

알마티나 두샨베에서 다민족 교회를 개척하거나 단일 민족 교회를 개척하는 선교사들은 나름대로 그 교회개척 모델의 전략적 중요성을 강조하는데 그 내용은 무엇인가? 다민족 교회 개척을 채택하거나 시도하는 사역자들은 다음과 같이 그 이유를 말한다.

첫째, 인구적인 면에서 중앙아시아의 각국은 다양한 민족들이 섞여 살기 때문에 단일 민족교회를 지향하는 것은 민족주의를 조장할 우려를 낳게 된다는 것이다. 카작스탄의 경우 대통령이 다민족 국가임을 선포한 마당에 선교사들이 민족별 교회를 개척할 경우에는 국가의 정책에 반하게 된다고 말한다.

둘째, 언어적인 면에서 도시민들은 러시아어를 자신들의 민족어보다 더 잘 구사한다는 점이다. 카작스탄의 경우, '러시아어도 카작어와 마찬가지로 국가 공용어이며 왜 굳이 카작어만 사용하는 교회를 개척해야 하는가!'라는 지적이 있다. 요즘은 카작어로 교육하는 학교가 점차 증가하고 있지만 인텔리 계층은 러시아어를 카작어보다 더 잘 구사한다. 이들을 대상으로 사역하기 위해서는 러시아어가 사역언어가 되어야 한다고 말한다.

셋째, 교회성장 면에서 단일 민족교회의 경우 어느 정도 시간이 지나면 성장이 멈춘다고 한다. 이는 카작족 교회의 문제이기도 한데, 카작어를 사용하는 사람들은 대부분 낮은 계층으로 빈민들이거나 지방에서 이주해 온 사람들이다. 이들을 중심으로 교회가 구성되다 보니 시간이 지나더라도 지도력이나 재정적인 면에서 자립이 어렵다는 것이다. 게다가 어떤 선교사는 단일 민족교회가 친척 관계중심으로 이루어진 폐쇄적인 조직으로 전락하기도 한다는 점을 지적하였다.

하지만 주로 단일 종족을 대상으로 사역하는 사역자들은 다음의 이유로 인해 다른 입장을 견지하고 있다.

첫째, 인구학적인 변화를 고려해야 한다는 것이다. 카작스탄이나 타직스탄이 다민족 국가임에 틀림없지만 카작의 경우 독립 후 러시아인의 이주가 10년간 200만 명에 달했는데 그 결과 1990년에 40% 미만이었던 카작족의 비율이 꾸준히 늘어 거의 전체인구의 56%에 달하고 있다. 타직스탄의 경우는 타직족의 비율이 67%에 달한다. 이러한 인구통계는 선교사들이 이슬람 배경을 가진 주류민족인 타직족이나 카작족을 대상으로 사역을 해야 한다는 당연한 결론을 만들어 낸다는 것이다.

민족 언어의 사용 역시 증가하고 있다. 10년 전까지만 해도 알마티에서 러시아어를 모르고는 생활하기가 어려울 지경이었다. 그러나 이제는 알마티에서 러시아어를 잘 구사하지 못하는 카작인들을 만나는 것이 이상하지 않다. 90년대 초반이나 중반까지만 하더라도 도시에서는 러시아어를 사용하는 사람들을 대상으로 사역하는 것이 전혀 어색하지 않았으나 200만이 넘는 러시아인들이 빠져나간 카작스탄과 특히 대부분의 러시아인들이 거의 빠져나간 타직스탄에서 종족언어로 사역할 필요가 증가하고 있다.

현재로서는 다민족 교회의 러시아어 사용 신자들의 수가 민족어 사용자 신자 수보다 훨씬 앞서 있다. 하지만 인구학적 변화와 언어사용의 변화를 고려할 때 앞으로 러시아어를 전혀 사용할 수 없는 더 많은 전통적인 종족들이 교회에 들어올 것이 예상된다. 이 때문에 다민족교회 내에서의 종족어 예배는 불가피할 뿐만 아니라 단일민족 교회의 필요성 역시 더욱 증가할 것으로 전망된다.

둘째, 알마티의 경우 아직도 러시아어가 많이 사용되고 대통령도 카작스탄을 다민족국가로 다원화된 사회를 지향한다며 정치적 역량을 발휘하고 있는 게 사실이다. 하지만 분명한 것은 언어, 교육과 국가의 중요한 행정정책이 카작인 중심으로 가고 있으며 요직은 이미 카작인들이 장악하고 있다. 즉 사회가 카작인 중심으로 흘러간다는 것은 어쩔 수 없는 대세이다.
아직 러시아어를 잘 구사하는 카작인들이 다민족 교회에 몰리고 있는 것은 사실이지만 그들도 자신들의 민족어로 구체적인 삶의 정황을 나눌 수 있길 점점 바라고 있다.

셋째, 알마티나 두샨베의 민족교회들이 규모가 작고 성장이 더딘 것은 사실이다. 하지만 이들의 문화적 역사적 배경을 살펴보면 성장이 더딘 것을 십분 이해할 수 있다. 철저한 가족, 친족 공동체이며 긴밀한 유대감을 갖고 있는 카작족이나 타직족에게 있어 무슬림에서 개신교로의 개종은 가족과 민족을 배반하는 행위로 간주된다.

이런 상황에서 다민족교회와 같은 대규모의 민족 교회가 나오기에는 시간이 필요할 것이다. 당분간 단일민족 교회는 주로 공동체에 기반을 둔 소규모 모임으로 이루어질 공산이 크다. 단일 민족 교회의 규모가 작은 이유 중에는 현지인 지도자의 부족을 들 수도 있다. 다민족교회의 경우 수용성이 높은 러시인들과 고려인들이 지도자로 빨리 성장하고 있지만 카작족이나 타직족의 경우는 그들보다 지도력의 형성이 다소 더딘 것이 사실이다.

다민족 교회 혹은 단일 민족 교회를 지향해야 하느냐 하는 문제는 이 지역의 특성에 대한 해석의 차이에 기인하기도 한다. 다민족 교회를 지향하는 입장에서는 타직스탄이나 카작스탄이 70년이 넘게 러시아의 지배를 받았고 지금도 그 영향력 하에 있기 때문에 러시아어나 러시아인 위주의 교회개척 노력이 더 실효성이 있다고 한다. 그러나 단일 민족 교회를 지향하는 입장에서는 탈러시아화되는 현상에 더 강조점을 두고 이 지역을 구소련 권으로 파악하는 것보다는 오히려 이슬람권으로 바라보는 것이 더 전략적이라는 의견을 가지고 있다.

위에서 말한 두 가지 의견이나 시각 중 어느 하나가 맞고 다른 하나가 틀린 것은 아니다. 선교에 있어서 중앙아시아는 이슬람이라는 강한 종교적 문화적 특징을 갖고 있는 지역으로 이해되어졌고 선교의 초점도 그러한 문화, 종교의 장벽을 어떻게 넘을 것인지에 맞춰지는 것은 당연하다. 하지만 우리가 놓치지 말아야 할 것은 이들 나라가 두 세대 가까이(70년간) 사회주의 체제하에 있었다는 사실이다. 이 사실은 같은 투르크계 이슬람 민족인 터키인 보다 카작인들 가운데 복음에 대한 수용성이 높고 같은 페르시아계 민족이지만 북부 아프간인보다 타직인들이 보다 복음에 잘 반응하는 이유를 설명해 준다.

소련의 지배와 영향력은 단순히 경제 시스템이나 도시외관 뿐만 아니라 사람들의 문화와 세계관에도 심대한 영향을 주었다고 보아야 할 것이다. 정치적으로도 이들 국가들은 사회주의 체제하에서 독립된 후 이슬람의 부흥을 누릴 시간적 여유도 없이 시장경제체제를 받아들였고 경제발전을 국가의 목표로 삼고 있다. 이를 위해 다른 중동의 이슬람 국가들보다 훨씬 개방적이다.[15]

3) 제안

현실적으로 대부분의 한국 선교사들이 주로 도시에서 다민족 교회 사역을 하고 있는 상황에서 어떻게 보다 미전도종족 중심의 사역으로 나아갈 수 있을 것인가? 이를 위해 몇 가지 제안을 하고자 한다.

---

15) 이점에 대해서 보다 자세한 내용은 한수아(2002)를 참조할 것.

첫째로, 다민족 교회를 종족교회 개척의 모판으로 삼아 나아가는 것이 바람직하다. 종족사역이나 복음화가 반드시 단일민족 교회를 통해서만 이루어지는 것은 아니다. 종족 초점이 있느냐 하는 것은 주로 종족 언어와 문화를 배경으로 사역하는 사역자가 존재하느냐에 달려 있다. 한국 선교사가 많은 열매를 보이고 있는 다민족 교회를 기반으로 종족 사역을 시작하거나 단일 민족 교회를 설립해 나가는 것이 좋을 것이다.

이러한 전략에는 몇 가지 장점이 존재한다. 첫째로 교회의 등록이 용이하다는 점이다. 이 지역에서 교회의 등록은 안정적인 예배 환경과 제자훈련에 도움이 된다. 두샨베에서 교회 등록을 위해 10명의 신자의 서명이 필요하지만 신자들이 서명을 망설여 많은 어려움에 봉착하기도 하였으며 심지어는 등록 과정에서 단일민족 교회가 붕괴되는 경우도 있었다. 따라서 우선 교회의 등록은 신자임이 밝혀질 경우 강한 사회적 압력을 받는 무슬림 종족보다 러시아인 신자의 서명을 받아서 하도록 하는 것이다. 이렇게 다른 민족을 통해 교회 등록을 하고 등록된 교회를 기반으로 무슬림 종족 사역을 하는 것은 지혜롭다.

둘째로 지적할 수 있는 장점은 지도력의 제공이다. 단일 종족교회는 앞서 언급했듯이 주로 낮은 계층의 사람들로 구성되어 있다. 이 상황에서 보다 나은 교육적 배경을 지닌 지도력을 얻는데 한계가 있다. 그런데 다민족 교회의 경우 중산층 배경의 러시아어를 사용하는 카작족 혹은 타직족 신자가 존재하는데 이들이 종족어를 익혀서 자민족 사역을 하도록 할 때 지도력을 보다 쉽게 세울 수 있게 되는 것이다. 실제로 도시 출신으로 종족 어를 하지 못하던 사람이 자기 종족 어를 배워서 종족 사역에 뛰어든 경우가 있다. 이렇게 해서 우선 다민족 교회 내에서 종족 회중을 증가시키고 이들이 성장하면 분리 독립해서 단일 민족 교회를 세워나가는 방법을 쓸 수 있다.

둘째로, 관문 도시를 통해 다른 지역이나 시골로 가는 모델이 필요하다. 종족 사역에 대한 고민은 선교사들이 어느 지역에서 사역을 할 것인가와 깊은 연관을 갖고 있다. 두샨베에서 만난 한 선교사는 타직 민족을 대상으로 사역하기 때문에 타직족들이 많은 시골지역으로 가야할 것 같지만 현실은 여의치 않은 문제로 고민했다고 했다. 하지만 갈수록 지방에 있는 사람들이 도시로 몰려오고 도시에 나온 사람들이 시골에 사는 사람들보다 복음에 대한 수용성이 높은 것을 보면서 개척 선교에 있어서 도시는 무시할 수 없는 선교지 임을 알게 됐다고 했다.

그러나 때로는 종족 패러다임이 없을 때 도시에서 새롭게 열리는 종족 사역의 기회를 포착하지 못하기도 한다. 현재 두샨베에 있는 여러 사역자들은 아프가니스탄에 비전을 갖고 그 일을 위해 여러 가지로 노력하고 있다. 하지만 아프가니스탄으로

가는 것을 모색하고 있을 뿐 간과하고 있는 것은 두샨베에 와 있는 아프간 타직족에 대한 사역이 거의 전무하다는 것이다. 그 이유는 교회개척보다는 구호사역 같은 NGO사역의 관점에서 아프가니스탄 사역을 바라보기 때문이 아닐까 생각된다. NGO 사역이 주로 현지에 기지를 세우고 구호를 하는 것이기 때문에 타직에 있는 아프칸인들이 간과되어진다는 것이다. 특히 페르시아창의 관문으로서 타직스탄을 강조하려면 타직내 아프칸인을 활용한 선교전략들이 먼저 구사되어져야 할 것이다.

알마티와 두샨베의 교회들이 현지인들을 종족어로 훈련시켜서 지방으로 보내서 개척하게 하는 것은 아주 좋은 전략이라고 생각한다. 현재 카작스탄의 경우 선교사들에 의한 개종자 수보다 현지인들에 의한 개종자수가 훨씬 많아지고 있는데 이는 아주 바람직한 현상이라고 할 수 있다. 카작스탄과 타직스탄의 경우 가족이나 공동체의 강한 유대감은 도시에서 생활한 사람들이 시골로 내려갈 수 있는 강한 동기가 되고 있다.

2. 자립적 교회 설립

1) 지도력에 대해서

자립적 교회 설립의 핵심에는 지도력의 양성이 있다. 따라서 어떻게 지도력을 양성하느냐 하는 것은 자생적 교회를 개척하는 데 있어서 매우 중요한 전략적 고려사항이다.

첫째로 한국 선교사들의 현지 지도자 양성모델은 기본적으로 신학교 중심 교육이라고 할 수 있을 것이다. 이 점에서 한국 선교사는 현지 지도자 양성에 있어서 한국 교회의 모델을 따르고 있다. 신학교 중심, 안수 받은 전임사역자 중심이 그것이다.

알마티에는 선교사들에 의해서 많은 신학교가 도시 내에 세워졌는데 대표적인 신학교로는 중앙아시아침례교신학교, 알마티장로교신학교(합동, 1993년 설립, 2년제), 카작스탄장로교신학교(1995년 설립), 카작스탄 음주의신학교(1993년 설립, 2년제, 감리교), 계약신학교(1992년 설립), 칼텍신학교, 그레이스신학교 등을 들 수 있다. 신학교육의 중요성에 대해서는 이론의 여지가 없다. 하지만 그것이 새로 개척된 교회 신자들의 자연스러운 영적 성장과 함께 이루어지지 못하고 있다는 것이 문제이다. 과거 한국에서 장로교 선교사들이 네비우스 선교 정책을 채택하였을 때 그들은 교회 내에서의 성경공부 모임을 매우 중요시했다. 그 모임에서 두드러진 사람들을 성경학교에 보냈고, 이들 중에 목사 후보생을 선별하여 신학교로 보냈던 것이다(박용규, 1992:124).

그러나 알마티의 현실은 선교사가 신학교를 먼저 세우고 신자들을 모집하는 형태를 가지거나 개척한 교회나 교단별로 신학교를 설립해서 신학생들을 충원하고 있는 실정이다. 이 같은 방식은 신학교의 난립과 함께 신학의 질을 저하시키며 보다 심각한 것은 교회 사역과의 연결이 되지 못하고 있다는 것이다.[16) 어떤 선교사는 신학생을 마구 모집하여 준비되지 못한 사람을 가르치다보니 그들은 유물사관과 함께 기독교를 배우고 나서는 좋은 이론이라고 평했다는 경험을 말하기도 하였다. 어떤 현지 교회 목사는 신학교를 졸업한 사람 중에 오직 10%만이 교회 사역에 드려지고 있다고 한다. 현지 조사 중에 우리는 실제로 교회사역에 참여하지 않고 있는 신학교 졸업생을 여러 명 만나 볼 수 있었다. 이러한 현실에 대해서 알마티의 현지 지도자인 A목사는 선교사가 신학교를 통해 교회를 통제하려는 것처럼 보인다고 하면서 다음과 같이 지적한다.

"신학교가 교회 밑에 있어야 현지인들의 사정과 형편들을 알 수 있는데 현실은 현지인 목사들이 신학교의 구조와 정책에 참여하지 못하고 있는 실정이다. 신학교를 운영하고 있는 사람들은 거의 외국인들이다. 어떤 목사는 신학교를 만들어서 교회로부터 사역자들을 모았고 돈을 주고 교육을 시켰다. 그리고 그 신학생들을 모아서 자기 교회를 세웠다."

---

16) 카작스탄에는 선교사들이 세운 신학교들은 대개 교회 내에 있다. 대부분의 신학교가 법무부의 법인으로 등록은 되어 있으나 교육부에 등록된 신학교는 없다. 법무부에 법인으로 등록이 된다는 것은 한 기관으로 인정은 할 수 있으나 교육부에 등록이 되어 있지 않으므로 학위를 인정받을 수 없다.

신학교 중심 지도력 양성모델은 전문인 사역자들이 활동할 수 있는 여지를 위축시킨다는 한계도 지닌다. 카작스탄에서는 현지인들을 전문인 사역자로 양성하는 시스템은 거의 없는 형편이다. 현지인들 중 지도자의 자질이 있으면 대개 신학교로 보내거나 불러서 훈련시키는 것이 일반적이다.

　두샨베에는 현재 신학교가 없다. 몇 명의 현지인 지도자들은 카작스탄에 가서 1년 정도의 신학과정을 공부하고 오기도 했지만 교회들은 발굴된 일군들을 성경학교나 지도자훈련과 같은 교회 자체 프로그램에 의해 훈련시키고 있다. 향후 타직스탄 교회를 위한 좋은 신학교가 설립되기를 바라지만 알마티와 같은 길을 가지는 않기를 바란다. 교회 내에서 자연스러운 지도력의 성장과 함께 신학교육이 이루어져야 할 것이며 선교사들 간의 합의를 통해 신학교의 난립이나 질의 저하를 막아야 할 것이다. 이점에서 최근 이라크 교회와 한국 교회 지도자들이 협력해서 세우려고 하는 이라크복음주의신학교는 좋은 본이 될 수 있을 것이다.

　전체적으로 보아 신학교 중심 지도력 양성모델은 그것이 현지 교회의 필요와 밀접한 관련을 지니고 이루어지지 못하고 있으며 더욱이 현지 교회가 그 지도자가 될 사람들의 양성을 통제할 수 없다는 점에서 자생적 교회의 설립 방향과는 거리가

면 것이라고 할 것이다.

두 번째는 한국 선교사의 지도력 모델에 대한 것이다. 현지인들은 선교사의 지도력을 배우게 되는데 외국선교사들은 한국 선교사의 지도력에 훌륭한 점이 많지만 비교적 카리스마적이고 권위적이라고 지적하기도 한다.

미 침례교단의 G 선교사는 교회가 배가되기 위해서는 현지인들이 재생산할 수 있는 지도력의 본이 되어야 하는데 한국 선교사들의 지도력 특성을 현지인이 지니기에는 어려움이 많다고 지적한다. 그는 "모든 카작 지도자들이 한국인 목사님 혹은 교회 개척자들만큼 영적이고 능력 있고 자격이 있어야 한다면 어떻게 교회의 빠른 성장을 기대할 수 있겠습니까?"라고 반문한다. 어떤 교회에서는 한국 선교사를 다른 현지 지도자와는 달리 한국어로 "목사님"이라고 부르고 있었는데 이렇게 선교사를 특별한 사람으로 구별하는 것은 현지 지도력의 형성에 도움이 되지 않을 것이다. 만일 선교사가 떠나게 된다면 그 교회에는 "목사님"이라고 부를 만한 사람이 아무도 없게 된다.

선교사의 지도력 모델은 지도력의 이양과 관련이 있다. 앞의 G 선교사는 "직선적이거나 독선적인 미국인들의 경우 카작 리더에게로 교회 지도력을 전환할 때 매우 힘들었다."고 말한다. 그 이유는 현지 교인들은 토착 지도력과 선교사의 지도력을 비교하기 때문이라는 것이다. 우리는 몇몇 한국 선교사들을 통해서 그러한 점을 발견하기도 하였다. 이러한 지도력 하에 있었던 몇몇 유망한 현지인들이 상처를 입고 교회를 떠난 사례를 듣기도 하였다.

　한 현지인 목사는 자신이 만난 선교사들은 현지인들이 목사가 되려면 많은 시간을 공부하고 자격을 갖춰야한다고 말한다고 하는데 자기 민족을 복음화해야 한다는 열정과 비전을 갖고 있는 그는 자신이 이미 54세로 나이가 많아 그토록 오랜 시간을 기다릴 수 없다고 말했다. 또 다른 현지인 사역자는 "현지인 지도자들이 빠르게 성장하고 있는데 어떤 한국인 목사들은 교회에서 10–15년 일해야 목사가 될 수 있다고 말한다."고 꼬집기도 하였다. 이러한 지적들은 한국인 선교사들에게 섬기는 지도력과 현지인에 대한 신뢰가 보다 요청된다는 점을 발견하게 해 준다.

　2) 경제적 자립에 대해서
　자생적 교회설립에 있어서 경제적 자립에 대한 부분은 보다 논쟁거리이다. 앞서 자생적 교회가 외부의 지원으로부터 완전히 비의존적인 교회를 의미하지는 않는다는 점을 지적한 바 있다. 그러나 이 경우에도 외부의 지원은 사역자의 생계비 지원이 아니라 사역을 위한 지원에 한정되어야 한다고 본다. 물론 사역 지원의 성격을 규정하는 것은 다소 모호하다.

카작스탄의 신학교는 대부분 학생들에게 생활비를 지급하는 것으로 알려진다. 인터뷰 가운데서 만난 한 여성 사역자는 한국인 선교사가 운영하고 있는 신학교에서 매월 25-30불 정도의 생활비를 받았다고 한다. 그녀는 졸업 후에도 3년간 100불씩 생활비를 지원 받았다. 신학생에 대한 재정 지원은 신학에 전념하도록 하는데 있어서 필요한 것처럼 보이지만 신학교가 많은 상황에서 다른 부작용을 만들어내고 있다. 한 미남침례교 선교사는 "제가 들은 최근의 논쟁거리 중 하나는 한국 신학교에서 그 학교 학생들에게 한 달에 150불씩 생활비를 제공한다는 것이었습니다. 이 지역의 다른 신학교는 올해 신학생의 수가 많이 감소했습니다. 그 이유는 신학생들이 단지 돈을 더 많이 주는 곳으로 갔기 때문입니다."라고 말했다.

교회 사역자들에 대한 생활비 지급도 상당히 일반화되어 있는 것처럼 보였다. 이 국가들의 경제상황을 고려하면 교회가 상당규모가 되지 않을 때 전임 사역자의 사례비를 충당하는 것은 매우 어려울 것이다. 이들에게 선교사는 일정부분의 생활비를 지불할 수밖에 없다. 물론 그것은 사역을 위한 것이다. 알마티의 한 선교사는 아예 지교회를 개척하기 위해서 현지인 사역자들을 지원하는 것을 목표로 하고 있다. 그 선교사는 본부를 세워 전략과 경험, 교육을 지원하고 사역자들에게 사역비조로

100-300불을 지원하기도 한다.

하지만 현지의 정서를 고려할 때 선교사를 통한 직접적인 생활비의 지급은 상당히 조심스럽게 이루어져야 할 것이다. 기독교인이 된 카작 신자들이 자주 듣는 말은 "아 너 돈에 팔렸구나."하는 말이라고 한다. 기독교인이 되면 한 사람당 10불에서 100불까지 준다는 말도 안되는 신문기사도 있었다. 카작인들은 돈을 통한 개종이 19세기 후반 러시아 정교가 행했던 개종 방법과 같다는 사실을 잘 알고 있다. 당시 약 30년 기간에 동부 카작스탄에서 500명의 카작인이 개종하였다고 한다. 카작스탄의 사회 분위기가 이처럼 아직은 선교 사역에 매우 적대적이라는 사실을 고려할 때 현명하지 못한 재정 사용은 사역의 함정이 될 수 있다.

그렇다고 반대로 한국적인 헌신적 목회자 모델을 강요하는 것도 문제가 될 수 있다. 한 서양 선교사는 "어떤 한국인 선교사가 카작인 리더에게 100%시간을 헌신하도록 요구했습니다. 이 한국인의 바로 첫 카작 제자는 극빈수준 이하의 삶을 살고 있었고 재정적인 고통으로 인해 그의 부인이 떠났을 때 그의 삶은 파괴되었습니다."라고 말했다.

이러한 점들을 고려할 때 우리는 이들 국가에서 현지 사역자에 대한 직접적인 생활비 지급을 피하면서도 그들을 도울 수 있는 방법을 찾을 필요가 있다고 본다. 물론 선교사들은 현재 교회의 재정적 자립을 중요시해서 스스로 자립해가는 길을 모색하고 있지만 그렇지 못할 경우 전임 사역자는 교회가 감당할 수준만큼만 두고 이중적 직업을 지닌 목회자를 고려할 필요가 있다.[17)

다음과 같은 사례는 이중적 직업에 대한 고려 없는 전임사역에의 헌신 요구가 상당히 후회스러운 결과를 만들어 낼 수도 있다는 점을 보여주고 있다.

사례) A 는 고등학교 교사였다. 그녀는 예수를 영접한 후, 교사로서 학생들과 학부모들에 대한 특별한 관심을 갖게 되었다. 선교사는 그녀에게 직장을 그만두고 2년 과정의 신학교에서 공부한 후 사역자의 길을 갈 것을 종용했다. 교직에 애정을 갖고 있던 그녀는 신학교 1년간은 교사로서 일을 하면서 다녔다. 하지만 교장에게 기독교인이라는 걸 들킨 후 권고사직을 해야만 했다. 신학교를 졸업한 후 몇 년간은 교회

---

17) 알마타의 부를륵 교회는 3개의 교회가 합해서 생긴 교회이다. 교회 건물은 홍콩에서 온 후원금으로 마련했다. 4명의 목사가 있는데 3명이 번갈아 가면서 설교를 한다. 2명은 전임으로 사역을 하고 1명은 파트타임으로 택시운전을 하기도 한다. 1명은 칼텍신학교 강사로 섬기고 있다고 한다. 칼텍신학교에서 매년 $600씩을 헌금하고 있다. 전임사역자의 사역비는 교인들의 헌금과 칼텍에서 온 지원금을 합해 지원하고 있다.

사역을 도왔지만 그녀는 다시 교사직을 얻길 원한다. 그러나 수년간의 사회적 공백을 넘어 다시 직업을 얻는 것은 여의치가 않다. 그녀는 여전히 그리스도인이지만 직장생활을 하면서 신앙생활을 할 수 있는 길을 찾기 원하고 있다.

중앙아시아 대부분의 나라들은 아직도 심각한 실업난을 겪고 있으며 기독교 전임 사역자에 대한 사회적 인식이 그리 높지도 않다. 전임 사역자들은 오히려 사회적으로 많은 규제와 압력을 받고 있다. 이러한 상황에서 선교사가 교회개척과 NGO사역을 병행하는 것은 사역의 접촉점을 위해서 뿐만 아니라 개척된 교회나 현지 사역자의 경제적 자립문제를 해결하는 데 도움이 된다. 실제적으로 실업자 증가, 경제적 어려움이 많은 시기에 이중적 직업을 지닌 사역자가 요청되며 이를 위해 교회와 NGO, 혹은 비즈니스 사역의 연계가 필요하다.

예를 들어 두샨베의 한 교회에서는 교회 헌금으로 2명의 전임사역자의 급료를 해결하고 나머지 2명의 사역자는 NGO에서 일하도록 하여 급료를 스스로 해결토록 했다. 한 미국인 선교사는 자신이 개척한 교회의 지도자로 하여금 NGO에서 일하게 함으로써 자신의 생계를 꾸려갈 수 있도록 하고 있다.

타직과 카작스탄의 실업상황은 심각한 정도이며 젊은이들이 일자리를 구하지 못해 헤매고 있다. 타직의 경우 100만 명이라는 인구의 1/5이나 되는 사람들이 일자리를 찾아 이웃 국가들에 나가 있다. 현재 학교에 다니는 젊은이들 중에 신자들이 많은데 이들이 졸업 후 직업문제가 함께 고려되지 않으면 지도력으로 성장하기가 어렵다. 교회사역자들 뿐만 아니라 전문인 사역자를 길러내는 것이 현재 매우 중요하다. 카작스탄이나 타직스탄의 경우 지금 국가를 형성해 가는 과정에 있기 때문에 NGO를 통한 전문인 사역자의 개발은 너무나 필요하다. 복음이 사회를 변혁시키듯이 NGO를 통해 길러진 유능한 젊은이들이 국가를 세워갈 수 있도록 선교사들은 도울 수 있다. 특히 타직스탄은 국가 규모가 작고 NGO 사역이 열려있기 때문에 영향력을 크게 미칠 수 있다. 선교사들은 필요한 전문가들이 교회와 연결되어 타직에서 영향력을 미치는 사역을 할 수 있도록 도울 수 있다.

3. 상황화된 교회

1) 상황화에 대한 한국 선교사의 입장

상황화란 어떤 것을 문화적 맥락에 맞게 제시한다는 의미이다. 선교사들이 그들이 사역하는 문화를 읽어내지 못하고 문화적으로 적절한 방법으로 그들에게 메시지를 전하는 방법을 채택하지 못한다면 복음은 변두리로 밀려나게 될 것이다.

다음과 같은 이 지역의 상황은 한국 선교사들로 하여금 상황화된 사역의 필요성을 더욱 인식하도록 요청하고 있다. 첫째로 카작족이나 타직족은 기독교를 러시아의 종교로 생각한다. 거의 모든 현지인과 사역자의 공통적인 지적은 카작인이 예수 믿는데 가장 어려운 점은 기독교를 서구의 종교라는 인식 때문이라고 말한다. 러시아 정교회에 익숙한 타직인들은 기독교를 러시아 정교회와 동일시한다. 중앙아시아인 들은 자기들의 지배종족이었던 러시아인들이 믿었던 정교회에 대해 상당한 거부반응을 보이며 이슬람에 대적되는 종교로 생각한다.

둘째로는 개종자들이 가족과 공동체로부터의 배척받기 쉽다. 영접한 사람들이 당면하는 가장 큰 어려움은 믿지 않는 가족과 이슬람 공동체로부터 당하는 배척이다. 하지만 그보다 더 힘든 상황은 자신으로 인해 가족들이 마을로부터 모욕을 당하거나 따돌림 당할 수도 있다는데 있다.[18]

그런데 상황화된 교회를 자생적인 교회의 특징으로 간주한다면 한국 선교사들이 가장 약한 부분이 될 것 같다. 알마티 두

---

18) 두샨베에서 한 타직인이 많이 아파서 선민교회에 가서 침 치료를 받고 많이 나아져서 교회에 가기로 결정했다. 하지만 그 후 그는 결혼식을 비롯한 어떠한 행사에도 초청받지 못했다. 공동체의 행사에서 소외됨으로써 기독교인이 된 것에 대한 대가를 받은 것이다. 또 다른 타직인 그리스도인이 크리스마스 기간에 사람들을 초대했다. 식사가 끝난 후 물로가 축복기도를 하려고 하자 그는 그럴 필요가 없다고 말했다. 물로는 이 사람이 기독교인인 것 같다고 얘기하면서 나가버렸다. 결국 그 사람은 3개월 후에 다른 곳으로 이사 가고 말았다.

샨베에서 방문한 몇 개의 교회들은 너무나 한국적인 모습을 띠고 있어서 오히려 당황스러울 정도였다. 그런 교회들은 카작인이나 타직인들에게 어울려 보이지 않았을 뿐만 아니라 같은 선교사들로부터도 좋은 호응을 받지 못하고 있었다. 지나친 한국어의 사용이나 통제하고 감독하려는 리더십 스타일은 현지인들에게 전혀 친근감을 줄 수 없을 것이다.

예를 들어 우리가 방문했던 두샨베의 한 교회에서는 교회를 개척한 한국 선교사가 여전히 한국어로 설교를 하고 있었으며 "주여 삼창" 기도를 하고 있었다. 예배 찬양은 한국의 부흥회를 쉽게 연상할 수 있게 해 주었다. 한국인들에게는 매우 친근감을 주는 교회였지만 현지인에게도 그런 인상을 주기는 어려울 것이다. 한국 선교사들이 상황화에 민감하지 못한 한계를 극복하기 위한 노력이 부족한 이유는 어쩌면 역설적으로 비상황화 된 사역의 성공 때문이라고 할 수 있다. 예를 들어서 선민교회는 두샨베에서 가장 비상황화 된 교회이면서도 가장 큰 교회이다. 하지만 우리는 다음과 같은 카작스탄의 남침례교 선교책임자의 지적을 참고할 필요가 있다.

"선교초기 거의 상상할 수 있는 모든 방법이 카작 민족 안에서 효과적이었습니다. 서방세계로부터 들여온 전형적인 전도방법들을 사용하여 카작 민족이 그리스도께 돌아왔습니다. 심지어 천막 부흥집회까지 효과적이었습니다. 저는 그렇게도 많은 카작인들이 이와 같은 비상황화된 접근방법을 통하여서도 믿는 자들이 되었다는 사실은 구소련 붕괴 후에 카작스탄 내의 모든 민족들이 엄청난 영적 굶주림에 있었다는 것을 증거해 주고 있다고 생각합니다.

그것은 우리가 승리했다고 착각하도록 할 수도 있습니다. 1990년대 초반과 중반의 카작스탄 내 사정을 자세히 보면 비기독교 종교들과 이단 그룹들도 복음적인 교회가 경험한 것과 같거나 심지어 높은 성장률을 보았습니다. 저는 우리가 더 분명히 말할 수 있는 것은 초기의 영적 도취 시기와 검증의 시기는 지나갔다는 것입니다. 세계로의 개방, 정치적 방해, '광신자들'에 대한 새로운 두려움, 카작인들 안에서 자라나는 이슬람의 영향, 부정적인 언론매체의 기사들, 그리고 성장하고 있는 경제적 번영은 서로 협력하여 복음에 대한 초기의 반응을 둔화시키고 있습니다. 저는 몇 년 전에 효과가 있었던 방법들이 이와 같은 많은 요소들 때문에 지금은 더 이상 그렇지 않다고 믿습니다."

서구 선교사들은 전반적으로 보아 한국 선교사들에 비해 상황화를 매우 (때로는 지나치게 보일 정도로) 강조하는 경향을 보인다. 예를 들어 타직인 교회를 개척한 선교사는 타직인들과 그들의 문화를 존중한다는 것을 보여주고 전통적인 타직인들에게 접근하기 위해서는 타직 문화와 그들의 사고가 반영된 교회가 가장 최선의 길이라고 한다.

2) 몇 가지 상황화의 사례들

다음에는 서구선교사들이 개척한 교회 중 상황화의 사례로 참고할 만한 교회들을 간략하게 소개하였다.

■ **사례 1** 알마티의 기쁨교회

약 11년이 된 기쁨교회는 처음에는 러시아어로 예배를 드렸는데 차츰 카작인 그룹이 형성되었다. 카작인들이 함께 러시아 예배를 드리면서 예배용어 같은 언어적 부분에서 마찰이 발생했다. 예를 들어 예수가 러시아어로 '이수스'인데 이런 용어는 카작족에게 거부감을 주는 용어였다. 이 문제 때문에 카작어를 사용하는 그룹과 러시아어를 사용하는 그룹이 분리되게 되었다. 이제 카작모임에서는 상황화된 카작어 교회용어가 사용되고 있다. 이 모임에서는 십자가를 걸지 않고 십자가 목걸이 같은 것도 하지 않는다.

■ **사례 2** 두샨베의 부활교회

부활교회는 중앙아시아에서 흔히 볼 수 있는 땅 집으로 본채에 있는 방 2-3개를 합해 예배당으로 사용하고 있었다. 예배당이 있는 건물과 별도로 별채가 있었다. 예배당 지하에는 스튜디오가 있어서 타직어 찬양 녹음을 해서 CD와 테이프로 만들어낸다. 시설비를 서구 선교사가 지원해줘서 마련한 것이다.

예배당에는 의자를 배열하지 않은 채 카펫 위에 타직의 전통적인 직사각형 방석을 깔아 두고 벽에는 쿠션을 세워서 벽에 기대앉아서 예배를 드릴 수 있게 했다. 또 성경을 바닥에 놓지 않고 무슬림들이 꾸란을 읽을 때 사용하는 X자형 받침대위에 놓고 볼 수 있도록 했다. 찬양을 인도하는 형제는 기타를 사용해서 연주했으며 무슬림인 타직인들이 교회를 처음 나왔더라도 당황하거나 생소하게 느끼지 않도록 섬세하게 배려하는 모습을 볼 수 있었다. 모이는 사람들은 20대의 젊은이들로부터 60대까지 고르게 섞여 있었다. 설교와 찬양은 타직어로 진행되었다.

■ **사례 3 알마티의 브를륵 교회**

브를륵 교회는 예배형식이나 내용에 있어서 상황화에 신경 쓴 교회 중 하나이다. 예배에 참석한 사람들은 거의 카작인들(40여명)이었다. 예배가 시작되자 카작 전통문양이 새겨진 조끼를 입은 4명이 찬양을 인도했다. 찬양할 때 기타와 키보드를 사용했고 OHP를 사용해서 사람들이 보고 부를 수 있게 했다. 설교는 순종에 관한 내용이었는데 카작인들이 쉽게 알아들을 수 있는 예화를 사용하여 모두들 즐거워하며 예배를 드렸다. 설교 후 목사 중 한명이 나와 전통 악기 돔브라를 이용하여 찬양을 했고 이어서 홍콩에서 온 여자 사역자 중 한 명이 돔브라를 이용하여 찬양을 하자 신자들은 무척 감동을 받는 듯 했다. 그러나 예배순서는 우리나라에서 흔히 볼 수 있는 장로교회 분위기로 시종 진행되었다. 예배가 끝나자 교회 마당에는 낮은 테이블에 전통 차와 빵을 내놓아 자연스럽게 교제가 이루어지도록 했다.

4. 제자화된 교회

교회의 양적 성장과 제자화는 함께 추구되어야 하며 제자화가 결여된 상황화나 빠른 지도력 이양은 오히려 교회의 자생성을 약화시킬 수 있다는 점을 이미 지적한 바 있다. 실제로 제자화 없이 교회 전체의 지도력을 빨리 이양하는 과정에서 문제를 경험하기도 한다. 예를 들어 두샨베에 있는 '세상의빛교회'의 경우 너무 일찍 현지인을 리더로 세움으로써 50여명이 모이던 그룹이 완전히 해체되기도 했다. 부족한 리더십 역량을 키우기 위해 그 교회는 조직을 셀 그룹으로 전환했으며 수련회도 셀 그룹으로 운영함으로써 현지인들이 지도자들로 서 갈 수 있도록 하고 있다. 현재 교회에 리더십 훈련학교가 있어서 30여명 정도가 셀 리더로서 훈련받고 있다.

한편 두샨베의 한 현지인 교회 지도자는 제자훈련을 무시하고 전도에만 열심을 내었을 때 겪었던 실패를 이렇게 회상했다. "처음 교회를 시작했을 때 5-10명 정도의 타직인들이 모였다. 그러나 20명 정도 모이다가는 다시 영점으로 돌아가고 다시 얼마간 모이다가 영점으로 돌아가는 일을 세번 경험했다. 그 후에 나는 문제가 있다고 생각하고 성경학교에 갔고 돌아와서는 3-4명의 제자를 키우는데 몰두하고 있다. 그러자 교회는 훨씬 안정되었다."

한 선교사는 현지인들이 빨리 성장하는 것은 바람직하지만 너무나 빨리 그들에게 안수하여 목사가 되게 함으로써 생기는 부작용을 지적하였다. 그는 오랫동안 현지인 신자들이 사회주의 체제하에 있었기 때문에 기독교 리더십에 대해 들어보지도, 그런 모델을 경험해보지도 못했던 몇몇 현지 리더들은 아직 섬기는 리더십의 모습을 보여주지 못하고 있다고 말한다. 그들은 영적 성숙을 이루려 노력하기보다는 사람들 위에 군림하려는 모습으로 인해 오히려 사람들을 실족시키고 있다고 한다.

한 국제단체 소속의 선교사는 이 부분에서 서구 선교사의 한계를 지적하기도 하였다. 그는 자신이 사역했던 모임에서 서구 선교사가 섬기는 지도력을 강조하면서 서둘러 현지인을 세웠을 때 그들이 지나친 영적 자존감이나 우월감에 빠지기도 했다는 것이다. 그들에게 겸손함도 없었으며 헌신도도 아주 약하다고 한다.

수년간 현지인들을 전도하고 양육해 오면서 이 지역의 선교사들은 대부분 교인의 빠른 증가가 자연스럽게 성숙으로 이어지지 않으며 이는 결과적으로 교회의 지속적 성장을 저해한다는 점을 절감하고 있는 듯했다. 제자화가 부족한 지도력 이양의 문제의식도 공통적으로 느끼고 있는 것처럼 보였다. 그 증거로서 알마티의 경우 대부분의 선교사가 개척한 교회에서 제자화를 강조하는 새로운 프로그램을 도입하고 있다.

이른바 G-12가 그것인데 이는 기존의 셀 그룹 위주의 교회

운영과 양육시스템이 셀 그룹을 인도하는 기능적 사역자를 만들어내고 오히려 헌신과 구체적 제자도를 약화시키는 경향이 있음을 발견하고 그것을 보완하기 위한 프로그램이라고 할 수 있다. G-12는 셀 교회모델의 일종이지만 여기에다가 구체적인 제자화를 강조하는 모델이다(김삼성, 2003:168).

이 프로그램은 또한 최고 리더십인 선교사 자신과의 관계나 직접적인 통제를 강화시킨다. 성공적인 셀 그룹을 운영하고 있다고 알려진 알마티 은혜교회의 김삼성 목사는 G-12의 도입 과정에 대해서 이렇게 회고하고 있다. "400명의 셀 리더를 모아 가르치거나 개인 양육을 하면서 자꾸 이런 감정이 들었다. '셀을 인도할 사람은 있는데 나와 동일한 비전, 똑같은 열정을 가지고 일할 제자는 드물구나. 나와 동일한 심령으로 헌신해서 하나님을 위해 생애를 바치고자 하는 사람은 많지 않구나. 그리고 '내가 그런 사람을 준비시키지 않았구나.' 하고 깨닫게 되었다"(김삼성, 2003:162).

제자화된 교회를 위한 노력은 이처럼 전체적으로 보아 사역의 경험을 통해서나 제자훈련을 강조하고 있는 한국교회 배경에 의해서 한국 선교사들이 그 중요성을 인식하고 사역에서 공통적으로 강조하고 있는 것으로 보인다.

그런데 제자훈련의 과정에서 몇 가지 주의할 점이 있는 것 같다. 우선 상황화에 민감하지 못한 제자 훈련 프로그램의 도입이 있을 수 있다. 한 교회에서 성공적이었던 프로그램을 상황이 다른 교회들이 앞 다투어 도입하는 것은 한국에서나 선교지에서나 마찬가지였다. 그러나 예를 들어 라틴 아메리카에서 초대형 교회를 설립한 카리스마적 지도자가 개발한 G-12 모델을 다른 지역에 있는 다른 지도력을 지닌 교회에 그대로 적용할 수 있을 지는 의문이 간다. 이태웅 박사의 지적처럼 "12명을 택해서 훈련시킨다든가 일대일로 훈련시키는 것만 고수한다든가 또 제자 훈련자가 있고 그에게 훈련을 받아야 제자훈련이 된다고 생각하는 것은 올바르지 않다고 볼 수 있다."(이태웅, 2003:7) 제자도의 정신과 자세를 본받되 방법의 상황화가 필요하다는 것이다.

둘째로 프로그램 위주의 제자훈련은 자칫하면 삶과 인격을 깊이 다루지 못하고 셀 그룹을 이끌 기능적 제자를 단기적으로 양산하는 수단으로 전락할 수 있다는 것이다. 제자훈련의 핵심을 그리스도를 닮은 신앙적 인격의 성장을 돕는 것이라고 할 때 이것은 프로그램이 아니라 예수님이 제자들과 함께 계셨던 것처럼(막3:14 참조), 삶을 나누는 전인적인 훈련을 통해 이루어질 수 밖에 없다.

셋째로 제자화를 강조하는 프로그램의 실행은 때때로 교회에 대한 선교사의 통제를 강화함으로써 자립적 지도력의 성장을 억제하고 지도력 이양을 더디게 하는 것 같다는 점이다. 제자훈련은 선교사의 통제를 강화시키는 수단이 아니라 현지 지도력의 성장을 돕는 목표로 이루어져야 하며 이는 역시 현지 신자들에 대한 신뢰를 요청한다.

5. 선교적 교회

전도는 한국 선교사들의 장기이며 한국 교회의 복음적 전통과 성경의 권위를 강조하는 보수적 신학으로 무장한 선교사의 모습은 자연스럽게 현지인 신자들에게 전달되어 개척한 교회의 선교적 자생성에 좋은 밑거름이 되고 있다. 한국 사역자들은(특히 다민족 교회에서 사역하는) 외국 사역자들에 비해서 비교적 과감한 전도사역을 하는 경향이 있는데 이 정신은 그들이 양육하고 있는 현지인들에게도 전달되는 것 같다.

두샨베에 있는 교회 청년은 "어느 곳을 가든지 당연히 복음을 전한다. 학교에서나 교회 목표 자체가 복음전도는 의무이기 때문에 복음을 전하는 것은 어려운 일이 아니다. 타직인들은 보통 타인을 매우 의식한다. 기독교는 새롭게 도입된 종교이기 때문에 이것을 인정하는 것은 상당히 어렵다. 복음을 전할 때 사람들이 우리를 매우 나쁘게 본다. 민족의 배반자라고 본다. 그러나 우리는 그것을 개의치 않는다."라고 말한다.

단일 종족 교회에서는 현지인들을 통한 관계 중심 전도가 강조되고 있으며 자연스럽게 행해지고 있다. 알마티에서 예수를 영접한 신자들은 가족들을 중심으로 적극적인 전도를 하고 있는 모습이 보였다. 카작족 교회인 우뭇교회는 알마티로 이주한 몇 사람에게 복음을 전했는데 그들이 가족들에게 복음을 전해서 한때는 100명까지 늘어나기도 했다. 가족중심의 강한 공동체를 형성하고 있으며 유대관계가 강한 사회 속에서 신자들이 강한 반대와 때로는 비난을 면키 어려울 수도 있다는 것을 알면서도 복음 전하기를 주저하지 않을 때 가족이 주께 돌아오는 경우가 많았다.

사역초점의 차이에 따른 당연할 결과이겠지만 다민족 교회 사역을 하는 한국 선교사들은 대중을 향한 적극적인 전도를 강조하는 반면 종족 교회 초점을 가지고 있는 사역자들 특히 서구선교사들은 비공개적인 관계중심 전도를 이 지역에 적합한 거의 유일한 전도방법이라고 생각하는 것 같았다. 전자의 경우 청소년을 위한 캠프를 열어서 복음을 전하는 방법은 상당한 성과를 거두고 있었다. 서구선교사들은 그러한 전도방법들이 사역환경을 더 어렵게 만들 수 있다는 우려를 하고 있지만 한국 선교사들의 상당수는 지금의 전도기회를 최대한 활용하는 것이 더 중요하다는 입장을 견지하고 있는 것 같다. 이 점에서 한국과 서구 선교사들은 서로를 통해 배울 것이 있는 것처럼 보인다. 무슬림 사회 속에서 공격적 전도의 위험과 관계중심 전도의 중요성을 한국선교사들이 보다 인식할 필요가 있다면 서구 선교사들의 경우 관계중심 전도를 통한 교회의 성장이 교회가 특정 지역출신이나 친족의 모임이 배타적인 모임이 되는 것으로 이어지지 않도록 조심할 필요가 있으며 이를 위해 다양한 전도방법이 필요하다는 점을 인식할 필요가 있는 것 같다.

한편 한국 선교사들은 교회가 성장하면 지교회 설립을 자연스럽게 고려하고 있고 실제로 기존 교회를 모체로 해서 지교회를 설립하는 사례가 많이 있었다. 그러나 한국선교사들은 건물, 등록교회 중심의 지교회 설립 모델을 견지하고 있는 것처럼 보이는데, 이 모델이 가정교회나 셀그룹 중심의 모델보다 교회의 자연스러운 배가를 약화시킨다는 지적도 있다. 한국 선교사가 개척한 교회들이 전도 외에도 지역사회의 필요를 채우면서 긍정적인 영향을 미치는 경우도 눈에 띄었다. 알마티에서 약간 떨어진 살렘교회는 지역주민들이 교회에 대해 아주 긍정적으로 생각했고 교회가 자신들의 공동체의 일부인 것으로 간주하기도 했다. 이 교회 공동체에서는 NGO를 설립하거나 협력하여 지역사회의 마약이나 알코올 같은 중독치유 운동이나 컴퓨터, 가정 사역을 통해 지역사회를 변화시키는데 기여하고 있다. 두샨베의 한 교회는 교회가 위치한 주변의 빈민들을 대상으로 구제활동을 하면서 어린이들을 전도하고 있고 빈곤한 노인들을 도움으로써 그들을 교회로 이끌고 있다.

6. 서구선교사와 한국선교사의 미전도종족 사역 전략의 특징

1) 서양 선교사와 한국선교사의 전략적 입장 차이들 요약

지금까지 언급한 서양선교사와 한국 선교사의 전략적 입장 차이를 요약한다면 다음과 〈표〉와 같다.

	서구 선교사	한국 선교사
목 표	단일 종족중심 교회개척을 지향한다.	다민족 중심 교회개척을 지향한다.
자립적 교회	평신도 및 이중직업 목회자를 중심으로 지도자를 양성한다.	신학교출신, 전임목회자를 중심 지도자를 양성한다.
	현지 사역자의 재정적 자립을 강조한다.	사역자에 대한 재정재원에 대해 보다 열려있다.
	선교사가 보다 민주적 리더십을 선호 한다.	보다 통제적인 리더십을 선호한다.
	빠른 지도력 이양을 고려한다.	늦은 지도력 이양을 고려한다.
상황화	문화를 중심으로 사역지를 바라본다.	구소련권이라는 체제중심으로 사역지를 본다.
	상황화를 중시한다.	전도의 열매를 중요시한다.
전 도	직접 전도보다는 관계중심전도에 적극적이다.	직접전도에 비교적 적극적이다.
	미래의 철수상황을 고려해서 사역한다.	현재의 기회를 중요시한다.

2) 차이점에 대한 평가

위에 보듯이 한국 선교사와 서구선교사의 선교전략은 큰 차이를 보이고 있다. 이것을 어떻게 해석할 것인가? 찰스 크래프트(Charles Kraft)는 이러한 차이를 한국 선교사와 서구 선교사간의 문화적인 차이에 기인하는 것이라고 할 지 모른다 (Kraft, 2002:80 참조). 그러나 우리가 만나 본 서구 선교사는 한국 선교사의 선교학적 인식부족에 무게를 두는 것 같았다. 과연 한국선교사의 전략적 특징은 선교학적 부족에 기인한 것인가? 아니면 동양적 문화를 반영한 것이라고 할 수 있을 것인가? 이 부분에 대한 대답은 쉽지 않으며 상당히 깊은 연구가 필요할 것이다.

물론 상당수의 한국 선교사들에게 있어서 종족 패러다임이 없다든지, 자립적 지도력이나 재정, 상황화 개념에 있어서 선교학적 개념이 부족하다는 점은 인정해야 할 것 같다.

그렇다고 서구 선교사들의 전략적 특징을 모두 성경적이라고 볼 수는 없을 것이다. 많은 부분은 그들의 문화에 기인하는 것처럼 보인다. 예를 들어 민주적 지도력에 대한 선호는 한국 선교사들이 선호하는 카리스마적 리더십에 비해서 과연 성경적인가? 아니면 서구적 민주주의 전통을 따른 것인가? 라는 질문을 던질 수 있다. 또한 상황을 고려해서 직접적 전도에 소극적인 모습을 지니는 것은 서구선교사들에 비해 담대한 복음전도를 시도하는 한국 선교사들보다 상황 분석적 사고에 익숙한 그들의 특징 때문이 아닐까? 그러한 사고방식이 혹시 초대교회 시절 사도들이 비우호적인 환경 속에서 가졌던 성경적인 담대함을 감소시키고 있는 것은 아닌가?

　더 나아가 서구선교사들이 강조하고 있는 상황화에 대해서
도 전반적으로 동감을 하지만 우리는 그 강조가 지나쳐서 때로
는 상황화 자체를 목적으로 삼고 있거나 문화인류학적인 이론
을 선교지에 대입하려는 것이 아닌가 하는 의문이 생겨나기도
한다. 실제로 타직스탄에서는 선교사들 간에 상황화의 정도에
대해 상당한 입장차가 있었다. I국 출신의 한 선교사는 서구선
교사들의 과도한 상황화(over-contextualization)에 대해 조
심스런 자신의 견해를 피력했다. 즉 교회에 나오는 사람들이
러시아어에 익숙하고 러시아적 생활방식에 익숙한데 선교사들
이 오히려 타직의 전통적인 것들을 과도하게 교회에 접목시키
다보니 현지인들이 오히려 어색해한다는 것이다. 그래서 타직
그리스도인들은 때로 서구선교사들에게 "누구를 위해 타직어
만 사용하고 왜 때로는 현지인에게도 어색한 타직 전통의상을
외국인이 입느냐?"고 반문한다고 한다.

　일반적으로 종족문화에 상황화된 교회는 배가를 촉진하지만
도시에서는 상황화가 반드시 양적 성장으로 이어지지는 않는
경향도 있는 것 같다. 그 이유는 인종-언어적으로 한 종족에
해당되더라도 도시에 사는 상당수의 인구분파들은 문화나 세
계관에 있어서 전통적인 것과 상당한 거리를 지니고 있기 때문

일 것이다(예를 들어 대학생 집단). 도시 상황에서 이러한 인구 분파를 복음화 하는데 있어서 상황화를 고집한다면 그것은 목표를 상실한 '과도한 상황화'라고 불릴 수 있을 것이다. 심지어 서구 선교사에게 영향을 받은 한 카작족 여성은 코란과 성경을 같은 권위로 취급하고 예수님과 무하멧을 같이 인정하는 혼합주의적 단계에까지 나아간 경우도 있었다. 따라서 상황화 자체가 선교의 목표가 되지 않도록 조심해야 할 것이다. 그것은 복음화를 이루기 위한 수단에 불과하다. 자칫 서구선교사들의 과학적이고 이론적인 사고는 때로 이것을 지나쳐 버리기도 하는 것 같다.

3) 서구 선교사들과의 교류확대의 필요

위에서 언급한 큰 입장 차 때문인지는 몰라도 외국 선교사와 한국 선교사들 간에 상호존중도 있지만 상호비판이 강하게 존재한다. 언어 문제도 있겠지만 이 때문에 서구선교사의 교류가 제한되기도 하는 것 같다. 위에서 보았듯이 한인 선교사와 서구선교사는 전략적으로 서로 보완적인 특징을 지니고 있는 것 같다. 만약에 서로에게서 배우고 협력한다면 좋은 시너지 효과를 볼 수 있을 것이다. 따라서 우리는 서구선교사와의 교류와 협력을 확대할 필요가 있다. 예를 들어 종족 파트너십 모임에 적극적으로 참여하여 우리의 사역을 알리고 도움을 구할 필요가 있다.[19] 살렘교회가 외국 선교기관인 Teen Challenger의 중독치

유사역과 협력한다든지 세상의 빛 교회에서 한국 사역자들이 셀그룹 사역에 은사가 있는 외국인 선교사와 동역하는 것은 좋은 모델이 되고 있다. 외국인 형제들의 물적 인적인 사역참여는 한국교회의 미전도종족 선교를 더욱 풍성하게 할 것이다.

4. 결론

우리는 중앙아시아, 알마티와 두샨베 선교에서 한국 선교사들이 주요 선교부대를 이루고 있으며 그 뿐만 아니라 현장에서 많은 열매를 맺고 복음화에 기여하고 있음을 볼 수 있었다. 새로운 선교지의 개방과 기회에 저돌적인 한국 선교사들의 사역 방식이 많은 효과를 보았다는 점도 알 수 있었다. 그러나 또한 사역환경이 변화되고 있기 때문에 이전보다 전략적인 사역이 요구되고 있다는 것을 발견할 수 있었다.

---

19) 예를 들어, 중앙아시아에는 각 무슬림 종족을 대상으로 하는 사람이나 기관들이 함께 사역을 나누는 종족 파트너십이 연례적으로 열리고 있다. 카작 파트너십의 경우, 사역초기부터 시작되어 2002년도부터는 영어권 사역자들과 한국인 사역자, 현지 지도자 세 개의 그룹으로 나뉘어서 각각 모임을 가진 후, 세 그룹이 함께 모여 한 해의 사역의 결과를 나누고 향후 사역의 방향을 논의하는 형식으로 모이고 있다. 타직 파트너십은 두 개의 파트로 나뉘었는데 '현지인 목사들의 모임'과 '외국인 사역자들의 모임'이 그것이다. 외국인(주로 서구인) 사역자들의 모임은 2~3년 전에 형성되어 매년 9월에 터키에서 모임을 갖고 있다. 이 모임에 참석하는 단체들은 OM, 프론티어, 미 남침례교, 미 장로교 등이며 참석인원은 대력 20~30명 선이다. 아직 타직 파트너십에 한국인 사역자들이 참여하지 않고 있는데 타직스탄과 두샨베 선교에서 한국 선교사들이 주도적인 역할을 하고 있는 점을 감안할 때, 이러한 파트너십에의 적극적 참여가 요청된다고 하겠다.

미전도종족 선교라는 관점에서 보면 한국 선교사들의 배치나 패러다임의 면에서 보다 종족 초점으로 변화되어야 할 필요가 있다는 점을 확인하였다. 앞으로 이 지역에서 복음화에 보다 기여할 수 있으려면 다민족, 러시아어 중심의 사역이 보다 미 전도된 종족 및 종족어 중심으로 바뀌어야 한다.

다수 한국 선교사들이 채택하고 있는 신학교 중심 및 전임 목회자 중심의 지도력 양성 전략도 그것이 현지교회의 필요와 잘 연결되지 못한다면 과감하게 수정할 필요가 있다. 특히 현명하지 못한 재정사용에 주의해야 하며 이중적 목회자 모델이나 평신도 지도력의 발전이 노력을 기울일 필요가 있다.

그 지역이 구소련지역일 뿐만 아니라 무슬림 사회라는 것을 감안하여 상황화에 더욱 민감해야 한다. 이점은 서구선교사들에게서 가장 많이 배울 수 있는 영역이다. 제자도와 전도는 함께 추구되어야 하며 이 부분에서 한국 선교사들은 몇 가지 점에 주의한다면 바람직한 방향으로 가고 있다고 할 것이다. 또한 서구선교사의 문화적 특징까지 따라갈 필요는 없지만 우리의 은사를 나눔과 동시에 그들의 장점을 잘 배우고 활용하기 위해서 그들과의 교류와 협력을 확대할 필요가 있다는 점이 발견된다.

마지막으로 이러한 결론들이 향후 연구를 위한 시론적 성격의 결론이라는 점을 분명히 해야 하겠다. 우리가 연구했던 지역이나 관찰하고 인터뷰했던 대상들이 제한되었기 때문에 위와 같은 결론들은 잠정적이라고 말할 수밖에 없을 것이다. 하지만 적어도 우리가 연구했던 지역에서 이 연구의 결과들이 미전도종족 선교의 목표를 이루는데 도움이 될 수 있기를 바라며 더 나아가서는 다른 지역의 미전도종족 선교에도 참고가 되기를 희망한다. 또한 향후 한국 선교사들의 미전도종족 선교전략에 대한 보다 심도 있는 연구가 많은 사역자들의 참여가운데 이루어지기 바란다. 보다 전략적인 미전도종족 선교가 더욱 활성화되어 주님께서 모든 민족가운데서 영광을 받으시기를 기도한다.

참고문헌

• 김삼성. 『당신도 영적 카라반이 돼라』. 서울: 스포라. 2003.
• 박용규. 『한국장로교사상사』. 서울: 총신대학출판부. 1992.
• 이태웅. "선교와 제자도와 재생산". 『선교연구』. GMTC. 2003.
• 임스데반. "한국교회 선교 평가를 위한 틀로서:자체 재생산 가능성". 『선교연구』. GMTC. 2003.
• 한수아. "사회주의권의 변화와 체제전환창". 이영재 편. 『종족과도시선교저널』. 겨울. 2002.
• KWMA(한국세계선교협의회). "미전도종족선교전략 포럼 자료집". 2002.
• 스몰리 윌리암 A. "토착교회가 지닌 문화적 함축". 랄프윈터·스티븐 호돈 편저. 『미션퍼스펙티브』. 정옥배 역. 서울: 예수전도단. 2000.
• 케인 허버트. 『기독교세계선교사』. 박광철 역. 서울: 생명의말씀사. 1981.
• Brock Charles. The Principle and Practice of Indigenous Church Planting.

Nashville: Broadman Press. 1981.

• Dayton Edward R. and David A. Fraser. Planning Strategies for World Evangelization. Grand Rapids: Eerdmans Publishing Co. 1990.

• Eitel·Keith E. "사느냐 죽느냐? 토착교회의 의문". J.M. 테리·E. 스미스·J. 앤더슨 편저. 『선교학대전』. 한국복음주의선교신학회 역. 서울: 기독교문서선교회. 2003.

• Engel James F. and William A. Dyrness. Changing The Mind of Mission Where Have We Gone Wrong. Downers Grove:IVP. 2000.

• Garrison, David. Church Planting Movement. Richmond. Va.:IMB/SBC. 1999.

• Johnson, Allan. "Critical Analysis of the Missiology of Frontier Mission Movement". in International Journal of Frontier Mission. Fall. 2001.

• Kraft Charles. "Dynamic Equivalence Churches". Missiology. January. 1973.

• Kraft Charles. "C. 크래프트 선교사의 동서 세계관 비교". 『KMQ』. 서울: GTM. 2002.

• McGavran Donald. Ethnic Reality and the Church: Lessons from India. Pasadena: William Carey Library. 1979.

• Patterson George and Galen Currah. "Church Multiplication: Guidelines and Dangers" in EMQ. Vol.39. No.2. April. 2003.

• Sanchez, Daniel R. "교회개척 전략". J.M. 테리·E. 스미스·J. 앤더슨 편저. 『선교학대전』. 한국복음주의선교신학회 역. 서울: 기독교문서선교회. 2003.

• Smith Ebbie. "선교전략과 방법서론". J.M. 테리·E. 스미스·J. 앤더슨 편저. 『선교학대전』. 한국복음주의선교신학회 역. 서울: 기독교문서선교회. 2003.

• Sundkler. Begnet. The World of Mission. London: Lutterworth Press. 1965.

• Tippet. Alan. Introduction to Missiology. Pasadena. California: William Carey Library. 1987.

• Winter Ralph D. "Frontier Mission Perspectives". in Seeds of Promise: World Consultation on Frontier Missions. Edinburgh '80. Allan Starling ed. Pasadena. California: William Carey Library. 1981.

• Winter Ralph D. "Unreached Peoples: The Development of the Concept" Harvie M.Conn. ed. Reaching the Unreached Old and New Challenge. Grand Rapids: Baker Books. 1984.

- Winter Ralph D. and Bruce A. Koch. "Finishing the Task: The Unreached Peoples Challenge" in International Journal of Frontier Mission, Winter 19:4. 2002.

Modern Mission through People Window(II)

5

현대 선교 정탐의 선구자적 역할은 하였던 미국 갈렙 프로젝트 선교팀은
갈렙과 여호수아의 가나안 정탐 사례를 모델로 하여 세계 곳곳에 있는 미전도종족
선교 리서치에 헌신하였다. 그들은 한 지역의 미전도종족 심층 리서치를 위해
약 6개월 정도 현지인들 속에 거주하며 현지인들의 도움으로 리서치를 하였다.
다음 자료는 갈렙 프로젝트 팀이 인도 뭄바이에 거주하면서 그곳에 있는
무슬림 집단을 리서치하여 만든 종족 프로파일 보고서 요약이다. 그들은 이 자료를
후학의 연구 목적으로 사례 질문지 25개를 작성하였다. 필자는 갈렙 프로젝트
팀의 허락을 받아 이를 번역하여 지난 15년간 총신대 선교대학원에서
사례 연구로 사용한 바 있는데 아주 유용성이 높아
다음과 같이 그 내용을 소개하는 바다.

5
Workshop
: 뭄바이의 무슬림 집단

1. 서론 : 뭄바이의 무슬림 집단

뭄바이는 활력이 있는 도시이다. 아파트와 빈민가, 그리고 거리에 사람들이 넘쳐나고 있는 이주민의 도시이다. 매일 500가정 정도의 이주민이 증가하고 있으며 인구는 약 1,200만에 육박하고 있다. 무슬림이 이 도시에서 약 800년 동안 살았지만 그들 가운데 어떤 효과적인 복음사역이 이루어진 적이 없다. 교회는 다른 공동체 속으로 뻗어 나가고 있지만 무슬림에게 특정하게 집중된 사역은 거의 없는 편이다. 기껏해야 오직 약간의 신자가 있을 뿐이다.

뭄바이의 무슬림은 복잡한 모자이크를 형성하고 있다. 약 150만 가량의 무슬림들이 다양한 요소에 의해 몇몇 집단으로 나누어져 있다. 그러한 요소들은 종파, 출신지, 이주, 사회경제적 지위와 직업이다. 이 중에서 가장 중요한 구분은 시아와 수니 이슬람이라고 하는 종교적 요소이다. 이러한 기준을 통해서 종족그룹을 나누었을 때 다음과 같은 결과가 나왔다.

Shia (50만)	Bohras(8만) Aga Khanis(10만) Isna Ashri	
Sunni (100만)	Migrant Sunni(50만)	Malayalies(25만) Utta Pradesh Bhayyas Madrasis Bengalis Biharis
	엄격한 공동체를 지닌 Sunni(20만)	Qureshies(5만) Ansaris(3–4만) Memons(5만) Chilia
	공동체를 지니고 있지 않은 Sunni(30만)	상류계층(10%) 중류계층(10–30%) 하류계층(60–80%)

2. 4개 집단 연구

그 중에 우리는 4개의 종족집단을 채택하여 조사를 실시하였다.

1) 말라얄리 종족집단

이들은 케랄라 주의 말라바르 지역에서 온 무슬림들이다. 케랄라 지역에서 온 무슬림 이주자들은 어느 곳에서나 발견된다. 케랄라 지역 밖에서 이들이 가장 집중적으로 거주하고 있는 곳은 페르시아 만 지역이며 특히 오만과 아랍 에미리트다. 인도에서 케랄라 밖에서 가장 이주자가 많은 곳이 바로 뭄바이이다. 이들이 이주를 많이 하는 한 가지 이유는 케랄라 지역이 인도에서 가장 문자 해독 율이 높음에도 불구하고 교육받은 수백만의 말라얄리들에게 적절한 소득을 보장해 줄 수 없는 농업사회이기 때문이다.

"어디에 가나 당신은 우리를 만날 수 있을 것입니다. 우리는 어디에나 있습니다." - 코코넛 상인

뭄바이에는 25만 가량의 말라얄리 이주자들이 살고 있다. 이들은 뭄바이에서 작은 케랄라라고 불리는 벤디 바자르 등의 지역에서 살고 있다. 80%가량의 말라얄리는 남성 혼자이며 아내와 자식을 고향에 두고 왔다. 그들은 라티(lati)라고 불리는 방 한 칸의 침실에 15-20명이 함께 살고 있다. 그들은 뭄바이에 돈을 벌기 위해 왔지만 그것을 쓰지는 않고 고향에 있는 집으로 보낸다. 그들은 뭄바이에서 일하다가 약 6개월에서 10개월 사이에 한 번씩 고향으로 돌아가 가족을 방문하는 것이 일상화되어 있다. 어떤 사람들은 이런 상태로 15-20년을 살아왔다. 그들이 함께 형성하고 있는 강한 공동체와 가족들과의 강한 유대가 도시에서 직면할 수 있는 외로움에서 그들을 보호하고 있다.

"출신지는 인도인에게 가장 중요한 구분이 됩니다. 그것은 무슬림 중에서도 가장 주요한 구분이 되지요. 유타 프라데쉬나 타밀나두 출신의 사람들은 마치 유럽인에게 영국과 스페인 사람의 구분만큼이나 차이가 나는 것입니다." – 무슬림 공무원

그들이 뭄바이에 오는 목적은 역시 경제적인 것이다. 돈을 버는 것이 그들의 최대의 목적이며 이를 위해서는 다른 것을 중요시하지 않는다. 그런데 그들은 다른 사람을 위해서 일하기를 좋아하지는 않는다. 그들은 서비스업보다는 장사에 관심이 많다. 그들 가운데 가장 흔한 사업은 호텔사업이며(작은 레스토랑), 여행사나 직물, 코코넛 장사와 같은 길거리 소매업에 종사하기도 한다. 밀수도 그들이 선호하는 사업 중의 하나이다.

그들이 밀수한 물품은 90%의 노점상을 이들이 장악하고 있는 뭄바이의 번화가 Victoria Terminus 에서 판매되고 있다. 그들에 의하면 그들은 독립적인 정체성을 유지하고 있다. 우선 대다수의 뭄바이의 무슬림이 사용하고 있는 우루드어와는 달리 그들의 일차적인 언어는 말라얄람이다. 그들의 우루드어 실력은 보잘것 없다.

"말라얄리는 사회적으로 그들끼리만 어울립니다. 그들은 우루드어를 사용하는 무슬림들과 매우 다른 문화적인 특성을

지니고 있습니다." – 말라얄리 공동체의 한 리더

말라얄리 이주자들을 묶는 것은 모스크가 아니라 그들의 하나의 사회적 센터인 자맛카나(jamat khana)이다. 그들만을 위한 모스크는 없으며 그들은 주변의 모스크에 가서 다른 무슬림과 함께 기도할 뿐이다. 자맛카나는 무슬림에게 독특한 것이다.

자맛카나의 주된 목적은 새로 이주해 오거나 가난한 말라얄리들을 돕기 위한 것이다. 거기서 주거, 조언, 교육, 의료 서비스와 같은 기본적인 필요들을 제공해 준다. 그리고 이곳은 고독한 말라얄리 남자들이 비공식적으로 모일 수 있는 장소가 되고 있다. 하나의 자맛카나가 Bendi Bazar에 있고 40-50개의 작은 지부나 지역조직이 뭄바이 여기저기에 흩어져 있다. 이 조직들은 출신 지역에 따라 구성되는 것처럼 보인다.

"말라얄리에게 자맛카나는 매우 중요합니다. 오직 5개의 무슬림 가정이 모여도 그들이 함께 할 조직이 없다면 아마도 자맛카나를 시작할 것입니다." – 한 자맛카나 종사자

자맛카나의 중요성은 말라얄리 문화가 보존된 형태로 두드러지게 나타난다는 것이다. 이곳은 뭄바이에서 수천의 말라얄리 가정보다도 고독한 이주 남성들의 삶에서 더욱 중심적인 역할을 하고 있다. 말라얄리와 연관해서 중요하게 고려할 점은 뭄바이에 케랄라 출신의 많은 크리스천이 있다는 것이다. 이 때문에 뭄바이에는 몇몇 말라얄리어를 사용하는 교회모임이 있다. 이들 말라얄리 크리스천의 역사는 1세기에 인도로 왔다고 하는 도마 사도로부터 시작된다. 그래서 그들은 지구상에 존재했던 거의 최초의 신자그룹에 속한다. 그런데 그들이 비록 기독교인임을 자랑스럽게 생각하지만 그들은 전도하지 않으며 아주 경직된 족내혼 등 단일종족의 성격을 지니고 있다. 종족적으로 순수함을 유지하기 위해 그들은 전도하지 않는 방법을 택했다. 그들은 심지어 다른 카스트 출신의 개종자가 그들과 함께 섞이는 것을 원치 않았다. 1,900년 동안 그들은 이렇게 살아왔던 것이다. 말라얄리 크리스천과 무슬림들은 서로로부터 개종자를 얻으려고 시도하지 않은 점잖은(?) 관계를 유지해 왔다. 그들은 족내혼을 유지하고 분리된 채 살아왔다. 뭄바이에서 그들의 관계는 이런 상태를 유지하고 있다. 힌두교인, 무슬림, 크리스천 모두 각자의 사회기관을 지니고 있다.

"다른 종교집단과는 달리 말라얄리 무슬림, 힌두교도, 기독교도는 서로 잘 살아왔습니다. 그러나 우리는 완전히 서로 다른 문화를 지니고 있습니다." – 말라얄리 학생

만약 말라얄리 중의 한 사람이 크리스천이 된다면 그는 가족

으로부터 버림을 받고 자맛카나에서 제명될 것이다. 그러나 말라얄리 크리스챤이 자맛카나에 오는 것은 환영받고 있다. 이러한 상황에서 우리는 이들을 향한 희망을 발견할 수 있다. 비록 말라얄리 크리스천과 무슬림은 문화적으로 구분되지만 그들은 외부인들이 배우기가 매우 힘든 공동의 언어를 사용하고 있다. 그리고 뭄바이에는 매우 복음적인 말라얄리 교회들이 있다. 만약 말라얄리 크리스천들이 문화적 경계를 넘어서 무슬림들에게 나아가는 데 동원된다면 집단개종의 역사도 기대할 수 있을 것이다. 그리고 뭄바이에 사는 많은 말라얄리들은 독신 남자이므로 가족들로부터 사회적 제제를 덜 받는 어느 정도의 자유를 누리고 있다. 그들이 함께 살고, 일하고 먹고, 예배하는 매우 강한 결속의 집단을 이루고 있기 때문에 몇몇 영향력 있는 말라얄리 무슬림이 그리스도를 따르기 시작한다면 많은 사람이 거기에 참여할 것이다. 말라얄리 무슬림을 전도해야 할 한 가지 중요한 이유는 그들이 복음을 고향으로까지 실어 나를 수 있는 전달자의 역할을 할 수 있기 때문이다. 뭄바이와 말라바르간에 있는 의사소통의 라인덕택에 뭄바이에 사는 무슬림의 개종은 말라바르에 살고 있는 다른 무슬림들에게 매우 중요한 영향을 미칠 수 있을 것이다.

2) 보라(Dawoodi Bohras) 종족

보라집단은 시아파에 속하는 무슬림 집단으로서 그들의 종교적 지도자(셰드나)를 따르는 사람들이다. 지금 현재 이들의 지도자인 모하마드 부르하누딘이 뭄바이에 거주하고 있는 관계로 이 도시는 보라인들이 가장 집중된 곳이다. 비록 셰드나에 대한 충성을 다짐하는 그들의 신앙이 공개적으로 의문시되고 때로는 외부인들에 의해서 조롱 받지만 보라는 스스로 자신들이 보라인 것을 자랑스럽게 여긴다. 사실 셰드나에 대한 감정과는 상관없이 보라가정에서 태어나면 그들은 보라인으로 간주된다. 그들은 교육을 중시하는 결속력 있는 공동체이다. 비록 사업 때문에 학교를 그만두는 사람들이 많기는 하지만 많은 수의 젊은이들이 대학에 다니고 있다. 전체적으로 그들은 외부인들에게 존중받고 신뢰받는 사람들이다.

"보라는 기본적으로 상인이거나 사업가이며 잘 교육받은 선진화된 무슬림입니다. 이것은 어떤 편파적인 이야기가 아니라 다른 사람들에게 들은 것인데 보라인들은 다른 무슬림에게 존중을 받고 있습니다." – 보라 여성

① 종교구조

지난 10여 년 간 셰드나의 영향력은 점점 증가되어 왔다. 현재의 셰드나인 모하마드 부르하누딘은 종교적인 지도자일 뿐만 아니라 세속사의 지도자이기도 하다. 보라 사회는 셰드나에 대한 두려움과 경외심을 가지고 있다. 셰드나와 그 가족의 영

향력은 비록 그들이 보라 엘리트를 제외하고는 일반인들과 접촉을 하지 않지만 모든 보라인들의 생활에 미치고 있다.

세드나에 대한 충성은 공개적인 충성 서약에 의해서 표현된다. 미스학(mishaq)이라고 불리는 충성 서약은 자발적이라고 하지만 실제로는 공동체에서 생존을 위해서 반드시 해야 한다. 지금 현재의 서약은 그 성질이 어떠하든지 세드나의 모든 명령에 따르겠다고 하는 내용을 지니고 있다. 세드나의 명령이 깨어지면 알라도 용서하지 않는다고 가르쳐지며 불순종자는 지옥의 위협과 재산의 손실 그리고 친지로부터의 단절에 직면해야 한다. 부인과는 자동적으로 이혼되는 것으로 간주된다.

미스학은 일상 생활에 영향을 미치는데 실제로 보라의 결혼, 장례, 자녀의 이름 짓기, 사업의 허가 및 이름 짓기, 세금납부와 공동체의 모든 사안에 대한 일반적인 통제를 하고 있다.

> "세드나는 모든 것을 결정합니다. 내 가게의 이름을 짓는 것부터 무엇을 팔아야 할지, 자녀의 이름, 누구와 결혼시켜야 할지, 어디로 이사 가야 할지 등 모든 것을 말입니다."
>
> – 여성 보라 상인

일부는 직접 세드나에게 가서 조언을 듣는 특권을 누리기도 하지만 대부분은 지역의 사제에게 간다. 사제가 해답을 줄 수 없는 경우에 세드나에게 간다.

〈셰드나에 대한 충성도에 따른 집단구분〉
- 충성파 추종자들 (10-15%)
- 편이와 필요에 의한 추종자들 (전체 80%)
- 소리 없는 반대자
- 개혁자 : 공개적으로 셰드나의 탄압에 반대하는 그룹 (5%정도)

많은 보라는 바랏(Barrat)이라고 불리는 사회적 배척 때문에 두려움을 느끼고 있다. 누군가에 일단 바랏이 선언되면 아무도 그와 접촉할 수 없다. 그는 모스크에 들어가거나 보라 장지에 묻힐 수 없다. 인도에서 공동체의 강한 감정이 개인이나 가족에 대한 바랏의 영향력을 증가시킨다. 진정한 충성심 때문이든지 아니면 바랏에 대한 두려움 때문이든지 셰드나는 보라를 통치하고 있으며 사제조직을 통해 그의 뜻을 이루어가고 있다.

② 가족구조
보라의 가족 구성원들은 그 결속력 때문에 서로서로 깊은 영향을 미친다. 많은 경우에는 확대 가족 내에서도 친밀한 관계가 유지되고 있다. 보라 사회는 서로 잘 알고 있으며 가족 구성원의 잘못은 가장과 가족전체의 명예에 영향을 미친다. 보라의 가장은 가족 지향적이며 시간이 나면 가족과 함께 보내는 것에 우선순위를 둔다. 보라 가족 내에서의 명령의 연결은 나이에 의해서 기본적으로 결정된다. 물론 최종적인 결정은 셰드나에

있지만 가족 내 연장자가 가족 사안의 주된 결정자이다. 젊은이들을 이끄는 것을 보라 연장자의 의무라고 생각하고 있으며 젊은이도 노인을 존중하고 따른다. 가장은 의사결정자로서 혹은 경제적 책임자로서의 역할을 하고 있다.

보라 여성은 교육받은 비율이 높지만 결혼 후에는 가사에 종사한다. 보라 여성의 영향력은 아들의 결혼과 연관해서 나타난다. 누구와 결혼할 지에 대해서 많은 발언권을 지니고 있으며 보통 집에 들어와 살게 되는 며느리를 통제한다.

대부분의 보라 가족은 2명의 자녀를 두고 있으며 최대한 4명 정도를 둔다. 이것은 경제적인 이유 때문이다. 남자 아이가 태어나면 기뻐하는데 이는 그가 가족의 안전과 대 잇기를 의미하기 때문이다. 남자 아이는 보통 아버지의 직업을 잇는다. 모든 보라 아이들의 이름은 셰드나와 그의 대리인들에 의해서 지어진다. 가족 지위가 취직이나 결혼, 어느 모스크에 갈 수 있는지 심지어는 모스크에서 어디에 앉을 수 있는 지까지 많은 영향을 미친다. 실제보다 "특권적인 혹은 나은 가족"에 대한 의식이 있으며 보라 모스크의 일정한 자리에 대대로 앉는다. 셰드나와의 관계가 또한 지위의 상징이 되기도 한다. 또 출신지에 따라 가족 지위의 위계가 이루어지기도 한다.

③ 결혼

보라는 오직 보라와 결혼한다. 보라 이외의 사람과 결혼하는 것은(아주 드물게 있기는 하지만) 많은 문제를 일으키며 전체 가족에게 수치가 되고 파문으로 이어지기도 한다. 보라로 개종하지 않으면 사랑한다고 해도 결혼을 결정하지 못한다.

"나는 누구 혹은 무엇 때문에라도 나의 종교를 바꿀 수 없습니다. 그것을 하기 전에 오히려 죽겠습니다."

– 보라 여성, 수니 남성과의 관계를 언급하면서

거의 모든 결혼이 잘 계획되어진다. 보라 여성은 보통 16-22세에 결혼을 하고 남성은 보통 20세를 넘겨서 결혼한다. 결혼 연령에 이르면 주로 어머니의 감독 하에 잠재적인 파트너를 물색하고 신중하게 검토한다. 부는 결혼의 중요한 요소이다. 비슷한 경제적 지위를 지닌 사람과 결혼하기를 원한다. 그리고 같은 지역 출신이어서 문화적 관습이 비슷한 사람을 선호한다. 아마도 보라에게 가장 중요한 결혼 요소는 셰드나에 대한 충성도일 것이다. 각각 비슷한 수준의 종교적 충성심을 가진 사람을 찾게 되는데 개혁자일수록 더욱 그렇다.

보라 여성은 위에서 언급된 자격을 갖춘 보라 남성을 만나게 되면 결혼이 결정되어 약혼을 하게 된다. 약혼 기간은 3주에서 3년까지이다. 결혼 과정에서 셰드나의 승인이 결정적인 요소이다. 그의 승인이 없이는 공동체에서 인정되지 못하기 때문이다. 결혼식에서는 사제가 주관하는 결혼서약 즉 니카(nikka)가

핵심적인 부분이다.

인도 정부는 다른 민족과 같이 결혼 지참금을 금지하고 있지만 암암리에 행해지고 있다. 제대로 지참금을 내지 못해서 신랑 측을 만족시키지 못한 신부의 아버지는 신랑의 집을 방문하여 사돈의 발에 키스하고 용서를 빌어야 한다. 신부의 가정이 예식 중에 신랑 가족을 서빙하며 결혼식 후에 신부는 신랑부모의 집에 들어간다. 이슬람에 따르면 남성은 4명의 아내를 얻을 수 있지만 뭄바이에서는 일반적이 아니다. 여성은 이혼할 수 있지만 반드시 신부 측 아버지로부터 제기되어야 한다. 그러나 나쁜 평판 때문에 이혼하는 보라 여성은 적다.

④ 친구 관계

보라인들의 친구 관계는 우선 공동체나 확대 가족에서 발전한다. 그러나 대학에 가는 보라인들의 경우 비–보라인들과의 관계가 생기기도 하지만 일부를 제외하고는 일시적인 관계로 끝난다. 결혼 후 보라인들은 직장과 가족 밖에서 보내는 시간이 적으며 이는 다시 확대 가족의 중요성을 부각시켜준다. 남성은 종종 사업을 통해 일생동안 발전시킬 중요한 친구 관계를 이루기도 한다. 깊은 친구 관계는 보라인의 삶에 영향을 미치지만 가족과 같은 정도는 아니다. 우정의 한계에는 역시 셰드나에 대한 충성도가 개입된다. 충성도가 비슷한 보라끼리 깊이 사귀기 마련이다. 존경은 보라가 다른 사람과 관계를 맺는데 중요한 역할을 한다. 사람들로부터 존중을 받는 요소는 ① 사업이나 공동체내 경제적 위치에서의 성공 ② 셰드나에 대한 충성의 정도 ③ 부여된 존경의 타이틀(학업, 사회봉사자, 종교인) 등이다.

보라인들의 독특한 우정의 형태는 멘지(menji)라고 하는 것이다. 멘지는 느슨한 구조를 지닌 친구집단으로서 한 달에 한 번정도 만나서 식사와 교제를 갖는 것이다. 멘지는 아이들이 함께 놀도록 함으로서 부모를 돕기 위해 보통 어려서부터 형성되며 가장 친한 친구가 멘지의 구성원인 경우가 많다. 여기에는 어떤 공식적인 구속이 없지만 몇 대가 이어지기도 한다.

멘지 구성원의 숫자는 8-12명 정도인데 12명이 선호된다. 어디서 모여서 무엇을 할 것인지에 대해 돌아가면서 책임을 맡으며 종종 서로의 집을 돌아가며 모임을 갖는다. 함께 휴가를 보내고 여행을 간다. 멘지는 오직 같은 성(性)으로만 구성되며 보라인들만 참여한다. 사람들은 한 두 개의 멘지에 가입될 수 있다. 멘지에는 모든 사람이 참여하는 것은 아니며 나이든 연령층에 보다 일반적이며 젊은 층에서 사라져가는 경향이 있다. 그러나 대다수의 친구관계에서 멘지의 영향력은 아직도 크다. 다른 종교로 개종했을 때 공식적으로 바랏(사회적 배제)이 선언되며 모든 사회관계에서 단절된다.

⑤ 다른 무슬림 그룹간의 생각들

그들은 나름대로 셰드나에 대한 충성도와 상관없이 보라인으로서의 정체성과 다른 집단에 대한 우월의식을 가지고 있다. 수니파에 대한 감정이 부정적이며 실제로 1988년 수니와 보라인과의 충돌로 5명의 보라인이 죽기도 하였다. 그들은 메몬인을 종교적으로 뿐만 아니라 사업상의 경쟁자로 간주한다. 다른 시아파 그룹에 대한 보라인들의 감정은 그렇게 부정적이지 않다. 비-보라인들과 교제를 공식적으로 허락하지는 않지만 일대일의 차원에서 관계가 이루어지고 있다.

다른 집단의 보라인들에 대한 생각은 다양하다. 그러나 최근 전통에의 복귀가 강해지면서 외부인들로부터 무시를 많이 당하게 되었다.

⑥ 사업구조

보라인들은 사업수완이 있는 사람들이다. 뭄바이에서 모든 사람이 돈을 벌기를 원하지만 보라인들은 거의 광적인 것으로 보이기도 한다. 대다수의 보라인들이 장사나 점원으로 일한다. 그들은 고용되기보다는 작은 점포를 마련하고자 한다. 자신의 사업이 없는 사람은 나머지 공동체로부터 무시를 당한다. 그들의 장사수완은 '악마를 믿을 수 있어도 보라는 믿을 수 없다'는 말이 있을 정도로 교묘하다. 대부분은 소규모 사업에 종사하지만 전문직(의사 등), 교사나 엔지니어 등의 직업을 가지기도 하고 공무원으로 일하기도 한다. 보라 젊은이들은 보통 가업을 배우고 잇는다. 90%의 보라 청년들이 대학에 가는데 대다수가 상업 학위를 취득한다. 많은 수는 일과 공부를 같이 하기도 한다. 졸업 후 그들은 아버지의 점포를 물려받거나 자기 사업을 시작한다. 80%의 보라가 그들 자신의 사업을 지니고 있다. 80%정도의 보라 여성이 대학에 가지만 결혼 후에는 10% 정도만이 일한다. 보라인들이 취급하는 업종은 다양하지만 호텔경영이나 신발, 기계 산업은 꺼려한다. 불법적인 사업을 하지 않으며 보라인들에게 음주나 흡연이 금지되어 있기 때문에 술이나 담배를 취급하지 않는다. 사업관계로 다른 사람과 좋은 관계를 맺고 있지만 반드시 가장 좋은 친구는 아니다. 그들은 같은 고향출신을 점원으로 고용한다. 그것은 고향사람을 도우려는 의도도 있지만 한편으로는 싼 이유도 있다.

⑦ 관습

보라인들은 어디에 정착하든지 문화적인 특색을 유지한다. 지난 10년간 보라인들에 대한 보라식 생활 양식의 강요가 이루어져 왔다. 현대화의 영향을 차단하고 공동체 정체성을 유지하고자 하는 셰드나의 시도이다. 많은 수의 보라인이 보라의 전통적인 의복을 입는다(여성은 rida 남성은 topi). 남성들은 수염을 기르기도 한다

많은 보라인의 사회 생활의 중심에 타알(thaal)이 있다. 그것은 크고 둥근 은으로 된 밥을 먹는 접시(platter)다. 이것은 그

들을 다른 무슬림과 분리시키는 전통적인 요소이다. 모든 식사, 사건, 축하 등이 타알 앞에서 벌어진다. 어떤 회합이 이루어질 때도 지위에 따라 타알 주위로 그룹이 생긴다. 어떤 그룹에 참여한다는 것은 그들의 타알에 참석한다는 것을 의미한다.

셰드나에게 바치는 식사로 이루어지는 보라인의 축제인 자팟(jaffat)이 특징적인 관습이다. 보라가 죽었을 때 그들은 공동체가 소유하고 있는 보라의 장지에 매장한다. 가족의 사망 후 특별한 애도 형식이 행해진다. 여성은 남편이 죽었을 경우 집에서 나가지도 않고 100일간의 애도 기간을 갖도록 요구된다. 어떤 남자를 보거나 친척이 아닌 사람을 보아서도 안 되고 TV나 신문이 금지되며 흰옷을 입고 거울도 보지 않아야 한다.

사박(sabaks) 이라고 불리는 종교 교육 과정이 보라인들이 그들의 믿음에 대해 배우는 도구이다. 가정이나 모스크에서 수업이 행해지며 15-16세 때 이 수업에 참여한다. 보통 셰드나의 가족이나 셰드나 자신이 가르친다. 수업은 일련의 커리큘럼으로 이루어진 것이라기보다는 보라 전통이나 꾸란에 대한 질서 있는 주제를 다루고 있다. 사박 수업에도 불구하고 대부분의 보라는 정통 이슬람의 기본교리들을 잘 모르고 있다. 아무도 스스로 꾸란을 보지 않으며 셰드나의 해석을 듣는다. 보라의 종교문서는 아랍어와 구자랏어로 쓰어 있다. 아무도 아랍어를 모르기 때문에 보통은 읽을 수 없다. 종교적인 해석을 지도자들에게 의존하고 있는데 예를 들어 이슬람의 종교적 의무인 자선(Zakat)도 직접 하기보다는 셰드나를 거쳐서 이루어지도록 하고 있다. 보라인들은 하루에 세 번 기도한다. 장사의 불편함 때문에 그들은 두 번째와 세 번째 기도를 점심때 하고 넷째와 다섯째를 해진 후에 한다. 이러한 기도조차도 일반 보라들은 잘 지키지 않는다. 보라 모스크는 보라인들만 참석한다. 그들은 사망한 셰드나에게 중보해 주기를 바라며 그들의 무덤에 가서 땅과 무덤에 입을 맞추며 기도를 드리고 있다.

⑧ 개혁운동

셰드나의 통제가 매우 강하지만 작은 무리의 보라는 공개적으로 이러한 지배에 복종하기를 거부하고 있다. 이러한 사람의 숫자가 약 1,000명에 이르며 개혁적, 진보적 그룹으로 명명된다. 개혁가들은 셰드나의 사제직이나 종교 리더십에 도전하지는 않는다. 다만 그의 권위주의에 대항한다. 그들은 보라 사회가 현대화되기를 바라지만 셰드나가 방해하고 있다고 느낀다. 그들은 종교의 상황화를 요구하고 있다.

알려진 개혁가에게는 바랏이 선언되며 그는 공동체에서 떠나거나 머물더라도 모든 사람과의 접촉이 단절된다. 경제적으로도 많은 제약이 따르게 된다. 즉 사회적인 죽음을 의미하게 되는 것이다. 한 개혁가의 어머니는 바랏이 선언된 후 아들의 집을 떠났으며 개혁가와 결혼한 한 여성의 집에도 바랏이 선언되었다. 개혁가들은 잘 조직되어 있으며 서로를 돌보려는 노력을 해 왔다. 서로 간에 결혼상담소를 운영하기도 하고 1983년에는 그들을 위한 묘지를 마련하기도 하였다. 보라 사회는 이들을 이렇게 보고 있다.

> "그들은 생의 목표와 마음을 잘못 정하였다. 일치는 깨어졌으며 그들은 더 이상 공동체의 형제자매가 아니다. 공동체로부터 벗어난 사람은 스스로 자살을 하는 것과 같다. 그들은 절교를 선택했다. 그가 선택한 것이기 때문에 그를 괴롭힐 생각은 없다. 그는 오직 홀로 존재할 뿐이다." – 충성된 보라

3) 메몬인들
① 정체성

메몬인들은 역사적으로 지금의 파키스탄 영토 내에 있는 신드(Sindh) 지역에 살면서 주로 무역과 상업에 종사했던 로하나스라는 힌두 카스트였다. 그 지역에 무슬림 왕조가 세워지면서 이들 가운데 개종자들이 생겨났는데(1422년경) 당시 무슬림 지도자가 그들은 Momins(충성된 사람, 이슬람의 참된 추종자)라고 명명하였다. 이것이 점차 변화되어 현재의 메몬이 되었다. 그들이 개종한 후 로하나스 힌두인들과 메몬사이의 갈등이 생겨났으며 로하나스는 메몬과 사회, 경제, 종교적 관계를 단

절하였다. 이후 메몬인들은 여러 지역으로 이주해 갔는데 이주지에 오래 거주하게 되면서 문화와 전통의 차이가 생김으로 할라이, 쿠치메몬으로 갈라지는 계기가 되었다. 지역적 특성과 성격이 아직도 뭄바이의 메몬을 둘로 분류하게 하고 있다. 정치적 동요, 기근, 사회적 형태의 변화, 경제적 기회 등이 메몬들로 하여금 신드를 떠나 인도와 세계로 흩어지게 하였다. 그들은 항구 도시를 선호하였는데 1660년부터 뭄바이에는 메몬인들의 집중적 거주지가 생겼다. 그 후로 이들은 자맛카나를 세우고 번창하는 사업을 거느리고 있다.

뭄바이의 메몬인들은 약 50,000명이 되지만 하나의 동질집단으로 간주될 수 없다. 그들은 서로 종족성과 근린집단의 기준으로 구분한다. 우선 출신지를 기준으로 할라이(Halai)와 쿠치(Cutchie)로 나눌수 있다. 모두 구자랏트 지역에 속한 지명을 근거로 붙여진 이름이다. 35,000의 할라이는 뭄바이의 무슬림중 가장 부유한 그룹이다. 학문적인 성공보다 경제적인 성공이 가치있게 여겨지고 있다. 할라이 소년들은 계속 학업을 하기 보다는 부친의 사업을 배운다. 오직 25%의 할라이 소녀들만이 대학에 간다. 일반적으로 학교를 나온 후 결혼하는데 결혼을 하면 일을 하지 않는 것이 보통이다. 이는 사회적으로 여성이 일하는 것을 비난하기 때문이다.

15,000의 쿠치는 쿠치방언을 사용한다. 그들을 할라이보다는 덜 부유하지만 교육을 더 받았다. 그들은 돈 보다 교육을 중

요시하고 있다. 두 번째 메몬인들을 나누는 것은 근린집단이다. 뭄바이의 메몬인들은 메몬 거류지, 모할라, 그리고 교외 지역에 거주하고 있다. 메몬 거류지라는 것은 아파트 지역으로서 메몬인들만 거주하는 곳을 의미한다. 이 거류지의 중앙에는 수니 모스크가 있다. 이곳에 사는 메몬들은 다른 부류의 메몬보다 더욱 결속력이 강하다. 그리고 다른 무슬림과 힌두인 들에게 덜 노출되어 있다.

'쿠치 메몬 거류지: 사적 거류지, 외부인들의 출입과 주차를 금지함' - 메몬 거류지 문에 있는 표시문

다른 한 가지 메몬인들은 벤디 바자르 근처의 한 지역에 살고 있는 사람들로서 메몬 모할라라고 불린다. 그곳은 아파트와 소규모 장사들이 많은 붐비고 분주한 지역이다. 이곳에 사는 메몬들은 모델 메몬으로 간주된다. 그들은 이슬람과 메몬 공동체 모두에 성실하다. 그들은 전통적이며 존중을 받고 있다. 메몬인들 중에서 그들에게 자맛카나가 가장 큰 통제력을 행사하고 있다. 그들은 그곳에서 공동체 감정을 느끼며 의사소통과 정보가 빠르게 퍼져 나간다. 교외지역에 살고 있는 메몬들은 도시교외 지역에 흩어져 살고 있다. 그들의 종교성에 차이가 있지만 보다 자유롭다. 그들은 외부의 공동체 출신의 사람과 결혼하는 것에 대해서 보다 개방되어 있다.

② 종교

메몬인들은 종교적으로 신앙이 깊은 사람들로 간주되고 있다. 그들은 주류 수니에 속하며 그들을 위한 모스크를 가지고 있지 않다. 일부는 신앙을 희석시키는 토속적인 이슬람의 요소를 무시하고 있지만 상당수의 사람들은 다르가스(지역 이슬람 성자의 무덤)에서 기도한다. 이들은 모스크에서 아랍어 기도문을 외기보다는 건강이나 안전, 그리고 경제적 번성을 위해 기도하고 있다.

③ 사업

할라이 메몬은 100년 전만해도 매우 가난한 공동체였으며 이곳저곳 시장을 집시처럼 옮겨 다니면서 장사를 했다. 그 후에는 이들이 작은 사업가로 성장하게 된다. 지금 뭄바이에서 이들은 건재상을 하고 있으며 건어물, 목재, 식용유, 담배, 의류, 모래, 보석 등을 취급하고 있다. 쿠치 메몬도 비슷하게 사업과 무역에 종사하고 있다. 이들은 요즘 신발, 섬유, 기성복, 수출/수입 사업에 집중되어 있다. 의류산업은 메몬들에게 가장 흔한 사업일 것이다.

"무슬림 중에서 사업계에서 존경받는 사람들은 메몬들이다. 메몬인들은 다른 사람을 위해 일하기보다 자신들의 사업을 경영하고 있다. 그들은 어디를 가든지 번성한다." - 비 메몬 남성 사실 메몬인들의 정체성이 사업에 깊게 뿌리박혀 있어서 비메몬인들은 종종 그들은 단지 사업공동체로 보지 그들의 민족적 종교적 정체성을 간과한다. 그것은 아마도 그들이 고향으로부터 멀리 떨어져 있으며 높은 교육을 받음으로 해서 고향방언(쿠치와 메미)을 사용하는 사람이 적기 때문일 것이다.

④ 가족

그들에게 가족의 영향력이 매우 크다. 그들은 어떤 조언이나 카운슬링이 없이 중요한 결정을 하지 않으며 그 대상은 부모나 확대 가족내의 어른이 된다. 이러한 형태에서 벗어나는 것은 공동체에서 무시 받고 있다. 가족 내 중요할 결정, 예컨대 주택구입, 자녀교육이나 결혼 등은 부부가 함께 결정하며 그것이 어려울 경우에는 자맛카나에서 해결책을 제시하기도 한다. 또한 가족에서 존경을 받을 만한 사람으로 간주되는 인물(즉, 연령, 교육정도, 이슬람에의 충성도 등에 의해)은 주요 결정을 인도할 책임을 지니게 된다.

⑤ 결혼

혼인상대는 주로 같은 메몬 공동체에서 구해진다. 쿠치 메몬과 할라이 메몬상의 결혼이 많지는 않지만 이루어지기도 한다. 남자가 메몬안에서 적당한 상대를 구하지 못하면 여자가 결혼시점에 메몬이 된다는 조건하에서 다른 공동체에서 대상을 찾을 수 있다. 그러나 여자는 비메몬과의 결혼이 허락되지 않는다. 두 번째 중요한 기준은 직업과 교육이다. 예상할 수 있는 대로 거류지 메몬과 메몬 모할라의 결혼유형이 보다 견고하다.

⑥ 친구관계

그들의 경계유지에 있어서 친구관계는 많은 것을 설명해 준다. 메몬인은 친구로서 같은 메몬을 고른다. 그들은 힌두교도를 경멸한다. 이점은 특히 거류지 메몬에게서 두드러진다. 이곳의 메몬들은 거의 같은 거류지에서 친구를 고른다.

⑦ 관계의 용인도

"당신이 만약 한 자맛카나의 구성원을 모욕한다면 그들은 당신에게 행동을 취할 것입니다. 우선 당신은 경고를 받을 것이고 다음 번에는 벌금이 주어지며 세번째에는 공동체에서 추방될 것입니다." – 쿠치 메몬

관계에 대한 비일상적인 행동에 대한 반응은 관계의 용인도의 한 지표이다. 그러한 반응은 종교성이나 공동체에의 충성에 따라 다양하다. 공동체의 돈을 훔친다든지 하는 작은 잘못은 공동체 관리로부터 모욕을 받으며 추방을 의미하지는 않는다.

일반적인 결혼 형태를 위배하는 것은 더 상위의 제재를 수반할 것이다(결혼의 불인정, 공동체와 가족의 권리박탈, 절교). 종교적인 일탈은 가장 극단적인 결과를 수반한다. 이슬람 종파를 바꾸는 것도 극단적인 결과를 수반하는데 힌두교나 기독교로 개종하는 것은 더욱 그러하다.

> "어떤 사람이 기독교인이 된다면 그는 모든 무슬림 공동체와 관계가 단절될 것입니다(시아와 수니 모두). 그는 모스크에 들어가지 못하며 어떤 축제에도 올 수 없고 아무것도 주어지지 않습니다." – 할라이 메몬 남자

⑧ 지역조직

메몬인들은 그들이 정착하는 곳에서 자맛카나로 알려진 지역단체(조직)를 통해 독특한 정체성과 문화를 보존한다. 문자적으로 자맛은 모임이고 카나는 건물이다. 학문적으로 이 조직은 공동체의 복지를 위한 사회기관이지만 사실 그것은 메몬 공동체 자체이다. 할라이는 12개의 자맛을 그리고 쿠치는 3개를 가지고 있다. 이 공동체 조직은 위원회와 선출된 관리, 건물, 그리고 정관으로 구성되어 있다. 결혼과 이혼, 장례, 의료부조, 빈민과 무주택자에 대한 주거 그리고 장학금 등이 자맛카나에 의해 지도되고 집행된다.

메몬은 풍부한 공동체 생활을 지니고 있는데 그 중심에는 자

맛카나가 있다. 공동체의 태도와 가치가 자맛에 반영되며 구성원에게 전달된다. 메몬으로 태어난 사람은 자동적으로 자맛의 구성원이 된다.

메몬은 이러한 복지체계를 자랑한다. 가장 인상적인 것은 가난하고 집 없는 메몬을 위해서 두개의 큰 건물을 지어 1,000명의 쿠치메몬과 2,000명의 할라이 메몬을 수용하고 있다. 그들은 '어떤 메몬도 길거리에서 사는 법은 없다'고 자랑한다. 그들은 어떤 사람도 굶주리거나 집 없는 상태로 방치하지 않는다고 한다. 과부나 고아들도 돌보고 있다고 알려진다. 가난하고 우수한 학생들에게 장학금이 전달된다.

4) 비공동체 수니인

뭄바이에서 살고 있는 약 100만의 수니인들 중에서 약 30% 정도 되는 30만의 사람들은 어떤 지역 공동체에도 속하지 않은 채 살아가고 있다. 그들은 하나의 광범위하고 분명하지 않은 그룹을 형성하고 있는데 이 사람들은 뭄바이와 같은 초대도시에서 공통적인 다양한 사회경제적 범주를 망라하고 있다. 그들은 매우 부유한 영화배우나 유명한 예술가에서부터 매일매일 살아가는 슬럼가의 빈민에 이르기까지 다양하다.

그들의 경제적 상태에 부응하게 교육적 지위에도 유사한 다양성이 있다. 그리고 종교성에도 차이가 있다. 매일 하루에 5

번씩 기도하는 사람들은 적지만(어떤 이슬람학자에 의하면 2-4%) 일부는 진지하게 그들의 신조를 따르고 있다. 어떤 사람들은 이따금 기도하거나 오직 금요일에만 하기도 하며 일부는 일년에 한 두 번 하기도 한다. 심지어 일부는 무슬림 부모를 두었기 때문에 무슬림일 뿐이며 어떤 신앙 행위도 하지 않는 사람도 있다. 다양한 이유 때문에 그들은 도시의 어떤 공동체의 일부라고 생각하지 않고 있다. 대부분의 사람들은 수대 째 뭄바이에서 살아왔고 따라서 어떤 공동체의 정의를 내리는데 있어서 매우 중요한 요소가 되는 출신지에 대한 유대가 없는 것이다. 일부는 한두 대째만 살고 있지만 부모가 일찍 죽는다는 등의 상황 때문에 그들의 고향에 대한 어떤 유대도 느끼지 않고 있다. 그들은 어떤 직업에 기반을 둔 공동체를 구성하고 있지도 않으며 그들의 종교소속에 의해 어떤 조직화하는 힘을 느끼고 있지도 않다. 그렇다고 그들이 어떤 공동체를 전혀 이루고 있지 않다고 생각해서는 안 된다. 어떤 이슬람학자가 이야기 했듯이 '인도에서 공동체 없이 살아간다는 것은 당신으로 하여금 감정의 고갈상태에 이르게 하는 것' 이다. 이들 수니인들도 어떤 종류의 공동체를 이루고 살고 있다.

일종의 '집안에서 만든 공동체' 는 몇 가지 형태를 띤다. 어떤 사람들에게는 아파트 빌딩이 공동체가 된다. 근처에 사는 사람들이 가까운 친구이며 어려울 때나 기쁨의 시기에 찾아가는 대상이 된다. 어떤 수니들은 이웃 사회나 확대 가족의 가족 네트워크에서 공동체를 발견하며 다른 사람들은 대학이나 직장 조직에서 공동체를 형성한다. 그들을 공동으로 묶어서 정체성을 가지게 만드는 어떤 결정적인 요소를 지니고 있지 않기 때문에 그들은 서로서로 어떤 의존감을 가지고 있지 못하며 실제로 자신들을 비공동체 수니라고 부르지도 않는다. 이는 일종의 분류를 위해 의도적으로 만든 분석적인 개념인 것이다. 이들이 하나의 어떤 공동체가 아니기 때문에 이들을 분류할 수 있는 방법은 경제적 혹은 교육적 지위에 의한 것일 수 있다. 물론 그들 자신들이 이렇게 사회경제적 지위에 따라 자신들의 집단 소속을 생각하고 있지는 않지만 이는 교회개척자들에게 나름대로 중요한 정보가 된다.

- **■ 구성**
- **① 하류계층(60-80%)**

뭄바이의 대부분의 수니들은 가난하다. 종종 그들은 오직 그들의 지역 언어만을 사용할 줄 알며 영어를 잘 못하거나 모른다. 이들은 비교적 낮은 교육 수준을 나타내고 있다. 그들은 매우 종교적이라고 할 수 있다. 다르가(dargahs)라고 불리는 지역성자의 무덤에 자주 가서 자신들의 필요를 구하고 있다. 이는 교육받은 사람들에게 무시당하는 행동이다. 그들은 같은 이웃에 함께 사는 다른 사람들과 한 공동체라고 하는 느낌을 가

지고 있다. 이 부류의 수니들이 집중적으로 사는 곳이 여러 곳
있다.

  ② 중류계층(10-30%)
  이 부류의 수니들은 우루드어나 힌두어뿐만 아니라 영어를
주로 사용한다. 이들은 하류 계층보다 교육수준이 높으며 사회
적 신분 상승을 위해서 보다 높은 수준의 교육을 추구하기도
한다. 그러나 일부는 가족 사업이나 다른 돈을 벌 수단이 있을
경우 공부를 지속하지 않기도 한다. 종교적으로 중류층은 다르
가를 피하는 경향이 있다. 그들은 옳다고 들어왔던 것을 따라
서 살려는 경향이 있다. 이 부류의 수니들이 집중되어 있는 곳
도 마힘(Mahim) 등 몇몇 곳이 있다.

  ③ 상류계층(10%)
  이 사람들은 매우 현대적이고 영어와 때로는 아랍어를 사용
한다. 그들은 국제적으로 여행을 하기도 하며 세계주의적인 그
룹에서 움직인다. 그들 중에 종교적인 자는 꾸란을 통해 삶을
인도 받으려고 하며 다르가를 저주한다. 그들도 교육수준이 높
지만 중류층보다는 작은 비율이다. 공부를 계속하기보다는 가
업을 그대로 잇는 사람들이 많기 때문이다. 이 부류의 무슬림
은 하류나 중류층처럼 집중되어 살고 있지는 않지만 몇몇 좋은
주택가에서 자주 발견된다.

3. Workshop을 위한 토론질문

– 아래의 질문에 답하고 그것을 선택한 이유를 설명하시오.

1) 예배의 처소가 될 곳은 어디 인가?

   a. 기존의 교회
   b. 모스크
   c. 공적 건물
   d. 자맛카나
   e. 가정

2) 어떤 예배 스타일이 새로운 공동체에 의해 채택되어져 야 하는가?

   a. 인도인 크리스천
   b. 무슬림
   c. 혼합(blend)

3) 무슬림 회심자는 어떤 사람 과 결혼할 것인가?

   a. 뭄바이에 있는 크리스천 공동 체의 멤버
   b. 그들 자신들의 공동체 출신의 무슬림
   c. 새로운 공동체 출신의 다른 무 슬림 회심자

4) 회심자가 죽었을 때 어디에 매장될 것인가?

   a. 전통적인 무슬림 공동묘지
   b. 전통적인 크리스천 공동묘지
   c. 새로운 회심자 공동묘지

5) 일주간 중 언제 회심 자들의 교제(예배) 모임이 이루어져 야 하는가?

   a. 금요일
   b. 주일 아침
   c. 기타

6) 뭄바이에 있는 어떤 무슬림 종족집단이 교회개척을 위 해 타깃이 될 수 있겠는가?

   a. 보라인
   b. 메몬인

c. 비공동체 수니인
d. 말라알리인
e. 기타

7) 어떤 전도 방법이 사용되어야 하는가?

a. 설교(open)
b. 문서와 라디오
c. 자선 사업
d. 관계를 이용한 전도방법

8) 이후로 개인 회심(개종)과 집단 회심 중 어느 것이 추구되어져야 겠는가?

a. 개인 회심
b. 집단 회심

9) 새로운 회심 자는 그의 믿음에 대해 어느 정도로 개방해야 하는가?

a. 개방함 (모든 사람에게 그의 믿음을 자백함)
b. 비밀로 함 (아무에게도 그의 믿음을 자백하지 않음)
c. 주의를 기울임 (선택적으로 그의 믿음을 자백함)

10) 회심(개종)은 한 순간에 일어나야 하는가? 아니면 긴 시간에 걸쳐 일어나야 하는가?

a. 한 순간
b. 긴 시간에 걸쳐

11) 새로운 회심자는 기존의 인디안 교회와 어떤 관계를 맺어야 하는가?

a. 충분하고 철저하게 관계를 맺음
b. 전혀 관계를 맺지 않음
c. 제한된 관계를 맺음

■ 사역자 이슈에 대하여

12) 어떤 국적의 사역자이어야 하는가?

a. 인도인
b. 다른 아시아인
c. 서구인

13) 사역자의 결혼 상태와 가족 상황은 어떠해야 하는가?

a. 미혼
b. 결혼한 가정
c. 자녀를 가진 결혼한 가정

14) 사역자는 어디에서 살아야 하는가?

a. 타겟 집단의 근린지역 근처
b. 타겟 집단의 근린지역
c. 타겟 집단으로부터 다소 떨어진 지역

15) 사역자는 어떤 역할을 취해야 하는가?

a. 학생
b. 사업가
c. 크리스천 사역자

■ 집단별 이슈(예: 보라)

16) 신자들의 세드나와의 공식적인 관계는 어떠해야 하는가?

a. 공식적인 반대
b. 그 문제와 직면할 때를 제외하고, 공식적인 무관심
c. 성경의 원리와 분명하게 상반되는 경우를 제외하고, 공식적인 지지

17) 개종한 보라인은 모든 보라인에게 요구되는 세드나에 대한 세금을 납부해야 하는가?

a. 지속적인 납부
b. 납부 중지

18) 개종한 보라인은 계속해서 전통적인 의복을 입어야 하는가?

a. 그렇다
b. 아니다

19) 개종한 보라인을 위한 결혼서약(니카)은 누가 주관해야 하는가?

a. 세드나 또는 사제 중의 한 사람
b. 크리스천 공동체 출신의 목사
c. 기타

20) 개종한 보라인은 그의 자녀들이 세드나에 대한 공개적인 충성서약인 미스학을 해야할 나이에 이르렀을 때 어떻게 해야 하는가?

a. 서약을 하게 함
b. 서약하는 것을 허락하지 않음

21) 보라 공동체 내에서 시작되는 새로운 크리스천 공동체의 리더십 형태는 어떠해야 하는가?

a. 집권적
b. 분산적

22) 보라 공동체 내에서 복음 전
파를 위한 가장 좋은 관계
또는 관계망은 무엇인가?

  a. 사업구조
  b. 근린집단
  c. 친구관계
  d. 가족관계

23) 보라 공동체 내에서 시작
되는 새로운 크리스천 공
동체는 전례, 찬송 등에 어
떤 언어와 문자를 사용해
야 할까?

  a. 구자랏어과 아랍어의 혼용
  b. 구자랏어
  c. 우르두어
  d. 힌디어

24) 가장 전략적이고 중요한
타깃은 누구인가?

  a. 아이들
  b. 여성
  c. 남성

25) 어떤 집단이 최초의 타깃집
단이 될 수 있는가?

  a. 충성파 추종자들
  b. 편이와 필요에 의한 추종자들
  c. 소리 없는 반대자

d. 개혁자

26) 교회 개척자는 핍박과 제
명(축출)을 어떻게 다루어
야 하는가?

  a. 보라 공동체에 남아있도록 개
  종자들을 격려
  b. 그들 자신의 공동체를 형성하
  도록 개종자들을 격려
  c. 크리스천 공동체에 연합하도
  록 개종자들을 격려

자료출처

• 미국 Caleb Project의 허락을 받아 연
구용으로 번역 사용함(원자료명 :
Reaching Bombay's Muslims).

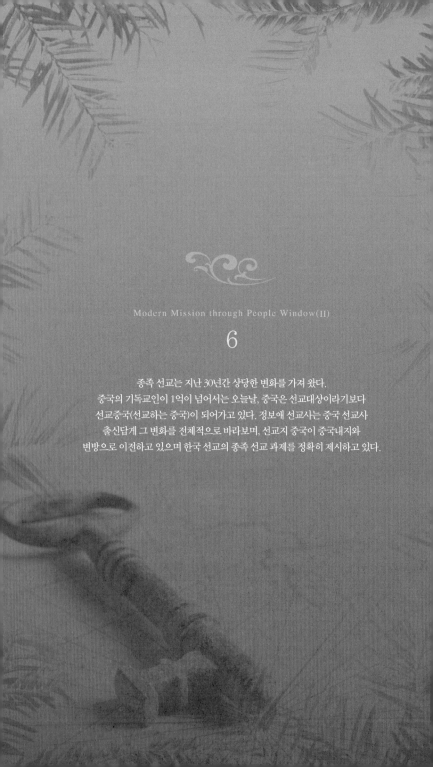

Modern Mission through People Window(II)

6

종족 선교는 지난 30년간 상당한 변화를 가져 왔다.
중국의 기독교인이 1억이 넘어서는 오늘날, 중국은 선교대상이라기보다
선교중국(선교하는 중국)이 되어가고 있다. 정보애 선교사는 중국 선교사
출신답게 그 변화를 전체적으로 바라보며, 선교지 중국이 중국내지와
변방으로 이전하고 있으며 한국 선교의 종족 선교 과제를 정확히 제시하고 있다.

6

중국 전방개척선교의 도전과 과제

─ 중국내지와 변방선교 방향

| 정보애

1. 한국의 중국선교 현황

1) 선교대상 10대 국가 중 제 1 위

2007년 한국선교사들은 전 세계 173개 국가에서 선교사역을 하고 있는 것으로 집계되었다(KWMA, 2007). 이 가운데 중국에는 한국 선교사가 얼마나 될까? 2007년 1월 공식적으로 발표한 통계자료에 의하면 2,640명의 한국 선교사들이 활동하고 있는 것으로 집계되었다(KWMA, 2007). 한편 그보다 앞서 2년 전 한국선교연구원에서는 중국 선교사 숫자를 1,482명으로 보고하였다(2005). 여기에 비공식적으로 합동(GMS)측등 주요 교단과 선교단체 지도자들과 현지 선교사들이 파악하는 숫자는 공식적인 통계보다 배나 더 되는 것으로 보고 있다. 따라서 중국은 현재 '한국의 선교 실제'에 있어서 공식, 비공식적으로 한국선교사들이 가장 많이 파송되어 활동하고 있는 국가이다.

그렇다면 선교대상 10대 국가 중 제 1 위라는 의미는 무엇인가?(문상철, 2005) 축하할 일인가? 반성과 숙고할 부분은 없는가? 이글은 이러한 문제를 한국 교회와 한국 교회가 파송한 중국선교사들에게 제기하면서 함께 도전하고자 하는데 목적이 있다. 중국의 사례는 미국 다음으로 선교사를 많이 파송하여 세계 2위의 위상인 한국 선교의 현재를 중국이라는 구체적인 국가에서의 선교를 통해 분석하고 고찰해 봄으로 한국 선교의 전체 방향을 도전하고 제시하는데 일조할 수 있을 것이다.

2) 긍정적인 점

우선 중국에 한국선교사 1위라는 사실을 영향력과 효과면에서 살펴보자. 긍정적으로 크게 세 가지로 종합해 볼 수 있다. 첫째, 중국 현지교회를 도와 2/3세계 선교리더로서 함께 세계 선교동역자로 사역할 수 있다. 이미 중국 가정교회는 '백 투 예루살렘' 비전을 외치며 10만 자국 선교사 파송을 주도하고 있기 때문에 이러한 시기에 세계선교를 위한 전략적 파트너로 동역을 할 수 있다. 둘째, 북경, 천진, 청도, 상해 등 중국 대도시의 한인디아스포라교회의 복음전도와 삶을 통한 중국 문화 변혁 및 문화의 그리스도화 비전을 함께 이루는데 유리하다. 갈수록 중국으로 조기 유학이나 영구 이민을 가는 한국인들이 증가하고 있는 추세에서 중국에 파송되는 선교사들의 사역도 기존에 중국인들을 대상으로 사역하던 것에서 현지 한인교회와 동역 및 동원, 협력 사역이 강화되고 있는데 이는 좋은 현상이다. 왜냐하면 단순한 복음전도 수준이 아니라 가정의 치유와 회복, 도덕적이고 민주적인 사회 건설, 다양성과 공존성 속에서의 각 민족 발전 등 중국의 국가건설에도 도움이 되며 나아가 건전한 기독교 문화를 통한 '중국문화의 그리스도화' 등 다양한 문화 사명을 수행할 수 있기 때문이다. 셋째, 한국의 미완성 과제이자 우리의 시대적 사명인 통일한국을 준비하는 북한선교의 촉매 역할을 할 수 있다. 특별히 2007년은 한국교회 전체적으로 북한선교의 해로 지정되었는데, 이런 점에서 본다면 중국을 통한 북한선교, 특히 직간접으로 탈북자 선교를 하고 있는 동북삼성(흑룡강성, 요녕성, 길림성)지역은 특히 그 선교적 의미가 크다.

3) 우려되는 점

반면 우려되는 부분은 종합적으로 다섯 가지로 집약된다. 첫째, 동북지역 및 대도시 집중 편향으로 인한 중복투자 현상이다. 지난 2000년 필자는 KWMA(한국세계선교협의회)의 위촉을 받아 NCOWE(세계선교전략대회) Ⅲ를 위해 중국현지조사[1]를 실시하였다. 당시 중국연구를 보다 정확하게 하기 위

---

1) 당시 중국을 동북 조선족 지역, 동부 한족 지역, 서부 소수민족 지역으로 크게 세 개로 지역을 구분한 뒤 모두 12개의 도시를 선정하여 교단 및 선교단체에서 파송된 선임 선교사들을 직접 인터뷰하고, 설문 조사지를 수거하였다.

해 중국을 동북 조선족 지역, 동부 및 중부의 한족 지역, 그리고 서부 지역으로 나누어 각각 주요 도시를 중심으로 12개 도시를 선정 방문 조사를 실시했다. 그때 도시로는 중소도시에 속하는 동북 연길시에만 한국선교사가 500명 이상인 것으로 나타났다. 대다수 한국선교사들은 동북삼성의 심양, 장춘, 하얼빈, 연길과 중국 주요 대도시인 청도, 위해, 북경, 천진, 상해, 남경 등 주로 동부 및 북부 도시에 집중되어 있으며, 이로인해 사역대상의 중복현상으로 갈등과 경쟁이 발생하고 있었다. 7년이 지난 현재 사역대상의 중복현상은 더욱 심각해지고 있어 문제이다.

둘째, 한족 및 조선족 편향으로 종족적 장벽 현상이 나타나고 있다. 한국 선교사들 대부분은 인구의 90% 이상을 차지하고 있는 한족을 대상으로 선교하고 있다. 주로 현지 교회 지도자 훈련이나 신학훈련, 제자훈련 사역이다. 중국 상황상 현지 교회 구성원 절대다수는 한족이다. 또한 대학 캠퍼스 사역 역시 대부분 한족과 조선족에 편향되어 심지어 어떤 한 학생의 경우는 30~40명 이상의 선교사와 연관이 있다.

셋째, 두 개의 상반된 주장과 패러다임으로 인해 중국 선교사 사이에 이해와 연합에 장애가 발생하고 있다. 즉 현지교회와 협력 및 네트워크를 강화하는 기존 패러다임과 중국선교의 남은 과업을 위한 프론티어 선교적 측면에서 중국내지와 변방 그리고 소수민족 들을 강조하는 선교사들 간에 한 국가 내에서도 갈등과 이해 부족 현상이 발생하고 있다.

넷째, 대부분 선교사들이 한족 중심의 통일된 중국관으로 다양하고 역동적인 중국을 이해하는데 큰 장애를 초래하고 있다. 이는 특별히 중국이 사회주의 국가로 한족을 형님 민족으로 소수 민족을 아우 민족으로 아우르는 '중화민족적인 통일적 민족관' 에 근거하여 언론과 정보를 통제하고 있기 때문이다. 이로 인해 실크로드, 유목문화, 티벳불교, 중국 무슬림 등 중국을 구성하고 있는 다양한 구성원들이 상호작용하는 역동적인 중국 이해에 왜곡 혹은 장애가 발생하게 된다.

다섯째, 소수민족 선교전략에 대한 오해를 낳고 있다. 이는 소수민족 선교를 반드시 소수민족들이 사는 원거주지 지역에 들어가서 해야만 되는 것으로 여겨, 중국 실정상 비 전략적이라고 오해하고 있기 때문이다. 많은 선교사들이 도시에 거주하면서 자연스럽게 연결되는 접촉점을 찾아 사역하므로 말미암아 도시를 통하여 사역할 수 있는 전략적 선교 가능성을 보지못한다(한남운, 1998). 실제 중국은 도시화 현상으로 많은 소수민족들이 교육, 직업 등의 기회를 찾아 도시로 유입이 되고 있는 상황이므로, 도시를 통한 소수민족 선교 전략이 필요하다. 한

예로 북경에만 해도 위구르촌, 절강촌, 회족촌 등 외에도 다수의 티벳인들도 거주하고 있어 미전도종족과 소수민족에 대한 전략적인 사역과 원거주지와의 연계 사역이 가능하다(한윤숙&장경희, 1998).

2. 미래 중국 복음화 예측

복음화 예측과 의미

1990년의 중국 전체 복음화 율은 4.8%로 보고되었다(Paul Hattaway, 1990). 이는 소수민족까지 포함한 전체 통계이다. 이중 한족만의 복음화 율은 5.9%에 이른다. 지난 2000년에는 6% 복음화율로 나타났다(Paul Hattaway, 2000). 보통 여호수아 프로젝트에서 한민족을 미전도 민족 혹은 국가로 복음화 율 5%미만 지표를 많이 사용해 왔으므로 이에 준한다면 중국은 여전히 전방개척 대상이긴 하지만 라오스, 캄보디아, 아프칸, 이란 외에도 많은 5% 이하의 최전방개척지에 비하면 그 다음 전방개척선교지에 해당된다고 볼 수 있다. 특별히 미래 2030년 비전(TARGET 2030)을 선포한 한국교회에게 향후 20~30년 동안의 중국 복음화 예측은 선교 전략 수립에 큰 도움이 될 수 있다. 따라서 아래에 미래 2025년까지 중국복음화를 예측한 자료[2] 를 바탕으로 주요한 지표 자료를 중심으로 살펴보자.

■ 중국의 미래 복음화 예측

- 1990년: 총 인구 13억, 신자수 6천만 명, 복음화율 4.8%(한족은 5.9%)
- 2004년: 복음화율 7.75%, 신자수 97,883,000명
- 2008년(베이징올림픽): 총인구 13억 4천만 명, 성도수 1억 1천 만 명, 복음화율 8.36%
- 2018년: 10%(신자수: 1억 5천만)
- 2025년: 총 인구 17억 명, 신자수 2억, 복음화율 11.49% 추정

위의 통계 자료를 분석해보면 미래 2025년에는 중국이 더 이상 한국의 일방적인 피선교국이 아닐 가능성이 매우 높다. 현재 '백투 예루살렘' 등 세계선교 운동을 전개하고 있는 중국교회가 주인공이자 주체이다. 따라서 한국교회와 선교사들은 처음부터 '선교중국'을 비전으로 선교의 주체로서 중국교회와 현지인을 돕는 역할을 해야 한다. 한국교회가 '성서한국', '선교한국'을 꿈꾸는 것처럼 중국교회 역시 '선교중국'으로서 함께 세계선교를 이끌어갈 파트너이기 때문이다. 이 점에서 미래 중국 복음화 예측은 한국의 중국선교 방향과 전략을 수립하는데 중요한 시사점이 담겨 있다.

---

2) 2001년 발간된 폴 하타웨이의 Operation China와 CNI의 미국 기독교 화교단체 통계자료에 근거하여 이우윤 교수가 "중국 복음화 예측 모형과 선교전략적 의미"란 자료를 발표했는데, 2025년까지 중국 미래 복음화 예측 통계자료를 본고에서 인용했다.

3. 방향과 남아있는 과업:
중국 내지와 변방 및 소수민족 사역

중국선교의 남은 과제와 영역

이와 같이 중국이 세계선교의 주체로 부각하고 있는 시기에 중국에 계속 한국 선교사를 파송해야 하는가 라는 의문이 들 수 있다. 이에 대한 대답은 중국 전체 복음화의 측면에서 남은 과업에 대해 전략적으로 선교사를 파송해야 한다는 것이다. 실제 전방개척선교 정의를 중국선교의 실제에 적용하면 중국에는 다음과 같은 장벽이 전체 중국복음화의 관점에서 해결해야 할 남은 과제와 영역이다.

첫째, 종교적 장벽(회교권과 티벳 불교권) 둘째, 지역적 장벽(중국 동부 및 대도시 위주 거주) 셋째, 심리적 장벽(중국정부의 종교적 탄압에 지나치게 위축됨) 넷째, 종족적 장벽(한족 중심의 사역에 치우치는 문제)을 돌파해야 한다(이우윤, 2006). 위에서 언급한 4가지의 장벽 중 주로 전방개척적 영역에서 종족과 종교적 장벽을 중심하여 중국선교의 남은 과업은 구체적으로 다음과 같다. 우선 종족의 세계로 중국을 볼 경우 국가가 공식적으로 규정한 56개 민족이 아니라, 480여 개의 중국 종족 가운데 408개가 미전도종족, 특별히 한족에 저항적인 티벳, 위굴, 회족들이 존재하고 있음을 주목해야 한다.[3]

한편 중국은 세계선교의 급박한 필요로 부상한 '이슬람선교'에 있어서 약한 고리에 해당하는 전략적인 지역이자 종족들을 지니고 있다. 현재 중국에는 세계에서 9번째로 이슬람인구가 많다. 중국내에 대표적인 무슬림 민족은 회족, 위구르족, 싸라족, 카작족, 타직족, 동상족이다(정보애, 2005). 중국정부에서 공식적으로 규정된 56개 민족 중 10개의 민족이 이슬람교를 신봉하고 있다.[4] 이외 위의 480여 개 종족의 세계로 살펴본다면 훨씬 더 많은 종족들이 무슬림의 약한 고리로서 존

---

3) 폴 해터웨이의 「Operation China」와 이를 번역하고 있는 중국대학선교회는 중국에 총 482개의 종족이 있다고 주장한다. 한편 미전도종족선교연대(UPMA)의 2005년 판 세계미전도종족지도에는 중국에 408개의 미전도종족집단이 있다고 발표하였다. 이는 중국의 민족을 56개로 알고 있는 기존의 상식적인 통념에서 소외되고 숨기워진 수많은 종족들의 현실적인 존재를 알리고, 동원하는 장점이 있다. 특별히 21세기 국제 환경 변화 이해가 중요한 과제로 대두된 이즈음, 이에 부응하여 중국선교관련자들도 최근 핫 이슈인 '민족과 종족 갈등' 문제를 이해하면 중국선교의 보다 총체적인 필요를 잘 파악할 수 있을 것이다.

종족은 영어로 'nation' 혹은 'ethnic'으로 혼용된다. 두 개념은 역사와 상황에서 전개 될 때, nation은 주로 국가와의 관계속에서 특히 근대민족국가의 탄생과 많이 연관되어 있다. 그래서 민족으로 많이 번역이 된다. 이렇듯 민족이 강한 정치성을 지닌 반면 종족은 사회학, 문화인류학적 성격이 강하다. 구체적인 종족의 실제에서 본 세계에서 우선 종족 개념은 다수민족으로 구성된 국가의 경우, 주류민족이 아닌 다른 종족(인종과 언어, 문화를 공유하는 스스로를 다른 집단과 구분하는 정체성을 지닌 집단)들을 들 수 있다. 이에 더 세분화 하면 중국 티베트족의 경우 하위(sub) 그룹인 라싸 티벳족, 암도 티벳족, 캄바 티벳족 등 하위 그룹을 의미하기도 하며, 인도의 경우에는 민족집단 외에도 종교집단, 계급 집단을 주로 의미한다. 이처럼 민족과 종족은 각각 현실에 실재하는 국가와 국가 구성원을 더 잘 규명해주며, '모든 종족에게 교회를'이란 케치플레이즈 처럼 이들에게 토착적이고 자생적인 교회개척운동의 선교적 필요를 분명하게 부각시켜 준다.

4) 바로 앞에서 언급한 6개 민족 외에 빠오안족, 타타르족, 키르기즈족, 우즈벡족 등이 있다.

재하고 있음을 알 수 있다. 특히 이들은 실크로드, 중앙아 등의 민족과 동일한 기원과 언어적 유사성을 갖고 있어 전략적으로 연계할 수 있다.

4. 내지와 변방지역이 최전방개척지

19세기 중반에 중국내지선교회(China Inland Mission)를 창설했던 허드슨 테일러의 중복투자 지양과 내지개척적인 자세가 21세기 중국선교에도 필요하다. 중국 전체적으로 이미 동북지역, 동부 연해도시 및 주요 도시를 중심으로 한국선교사들이 분포되어 사역하고 있으므로, 미래에 보다 바람직한 방향은 중국의 전 방위적 선교, 전방개척 선교를 위해 중국 내지 및 변방지역에 대한 선교가 절실하다.

중국지역구분에 의하면 호북성, 호남성, 사천성, 귀주성, 감숙성, 영화회족자치구, 청해성, 중경시 등 8개 지역이 중국 내지의 개척선교지에 해당된다. 이 지역에는 전통적인 유교, 불교, 도교 등 중국 주류문화와 또한 소수민족들의 이슬람, 티벳불교, 정령신앙 숭배가 공존하고 있다. 한족 가정교회의 영향력이 미비한 지역이다.

또한 내몽고자치구, 신강위구르자치구, 티벳자치구(서장자치구), 운남성, 광서장족자치구 등 5개 지역은 지리적으로 중국의 동서남북 변방에 위치해 있는데, 사회 경제적으로 중국동부나 연해에 비해 낙후되어 있을 뿐 아니라 사역적으로도 소외되어 이중으로 '변방시'되어 왔다. 이 지역의 주요 미전도종족은 몽골족, 위구르족, 티벳족, 장족(쭈앙족), 회족, 야오족, 따이족 등이 있다. 이곳은 실크로드 및 중앙아, 중동선교, 인도차이나 선교 등 타문화권과 지역 및 종족을 공유하는 선교전략적인 지역으로 그 중요성이 매우 크다.

5. 나가는 말

"현재 한국의 선교대상국가 사역자 규모 면에서 지난 2000년에 한국 선교사 재배치 및 전략적 배치의 대상으로 필리핀이 거론되었는데 아마도 이다음 케이스는 중국이 되지 않을까 심히 염려된다."

지난 2006년 NCOWE IV 선교전략대회 중국선교위원회 모임에서 어느 중국 선교사의 말이다. 이는 중국 선교사의 재배치 혹은 전략적 배치 및 전방개척으로의 방향 전환이 이제 현지 선교사들 사이에서도 절박하게 인식하고 있음을 단적으로 보여준다. 중요한 것은 부정이나 자기방어가 아니라, 오히려 서구선교와의 동반자적 선교시대를 맞이하여 '한국적 모델'이 요구되고 있는 시점에서 중국에서 좋은 한국선교의 모델 사례를 발굴하고 이를 알리며, 한국선교 발전에 기여 할 수 있도록 해야 할 것이다. 이런 면에서 전방개척 선교 방향으로의 중국 선교 방향 전환이 매우 시급한 한국 교회의 과제이다.

참고문헌

- KWMA. 『한국세계선교협의회 제17회 정기총회 자료집』. 2007년.
- 한국선교연구원(KRIM). 한국선교현황자료집 및 CD (www.krim.org).
- 문상철. "영적인 한류: 한국선교의 동향과 과제". 2005.
- 이우윤. "전방개척선교를 위한 중국선교의 비전과 과제". 『2006세계선교대회/NCOWE Ⅳ 분야별전략회의 자료집』. 2006.
- 한윤숙 · 장경희. "도시화와 미전도종족 선교의 새로운 기회". 『종족과도시선교저널』. 제2호. 1998.
- 한남운. "도시내 미전도종족 연구를 위한 도시프로화일에 관한 연구". 『종족과도시선교저널』. 제2호. 1998.
- 한남운. "체제전환창과 관문도시". 『종족과도시선교저널』. 제3호. 1998..
- 김경미. "중국연구사례: 우루무치/시닝.상하이 관문도시를 통한 미전도종족선교". 『종족과 도시선교저널』. 제12호. 2002.
- 한수아. "관문도시선교의 쟁점과 전략적 중요성". 총회세계선교회『미션저널』. 2001년. 여름호.
- 정보애. "그들은 누구이며, 어디에 살고 있나". 『중국을 주께로』. 2006년 5-6월호.
- Hattaway Paul. 『Operation China』. California: William Carey Library. 1990 ed. 2000 ed.

참고 자료: 중국 전방개척 지수 자료[5]

중국 전방개척지수

이 자료는 지난 2006년 세계선교전략회의에서 발표된 것으로 중국은 전체 선교지 개척 지수 구분에 따르면 복음주의자 비율이 6%이므로 F1 지역으로 구분된다.

1) 참조한 통계 자료
① 각 성별 기독교인 비율이 5% 미만인 미전도 종족 수 : Operation China(2000)
② 각 성별 기독교인 비율 : Operation World(2003)

2) 개척 지수 산출
① 각 성별 미전도종족 수에 따라 가중치 부여(최대부여/최대 20)
② 각 성별 기독교인 비율에 따라 가중치 (20)
③ 소수민족자치지역(신장위구르자치구, 서장자치구, 내몽고자치구, 광서장족자치구, 영하회족자치구)에 가중치 부여(5 씩)

   개척지수 산출 = ① + ② + ③

---

5) 전세계적인 전방개척 대상지 이해와 보다 상세한 것은 필자와 UPMA 전체 팀이 프로젝트를 위해 엔코위 기획팀이란 이름으로 KWMA의 타스크 포스팀으로 활동하면서 분석하여 자료화한 『2006 세계선교대회/NCOWE Ⅳ 주제발제자료집』을 참고하라. 특히 부록에 해당하는 2030년까지 전세계 선교사 수요 예측 자료와 지역 분할 및 종족분담(CAS 시스템) 자료를 참고하면 지면관계상 게재하지 못한 중국의 주요 지역별및 도시별 미전도종족자료도 볼 수 있다.

3) 지역별 특징 설명

● 일반선교지역(General Missions Areas)

– G2: 한국보다 복음주의자 비율이 높은 경우. 중국에는 아직 G2 지역은 없다

– G1: 복음주의자 비율이 한국보다는 낮지만 복음주의자 비율이 10% 이상인 경우

– F1: 복음주의자 비율이 5% 이상 10% 미만인 지역(세계적으로는 서아프리카 지역과 중국이 이에 해당)

– F2: 복음주의자 비율이 0~5%미만이고, 박해 지역이 아닌 경우

– F3: 복음주의자 비율이 0~5%미만이고, 박해 지역인 경우

4) 전방 개척 지수 별 중국 지역 구분

① F3 – 개척지수 45 ~ 20

② F2 – 개척지수 19 ~ 15

③ F1 – 개척지수 14 ~ 2

④ G – 개척지수 1 ~ 0

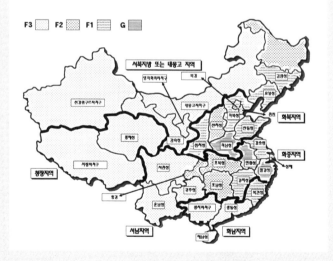

CAS(지역분할/종족분담/사역특화)를 필요로 하는 중국

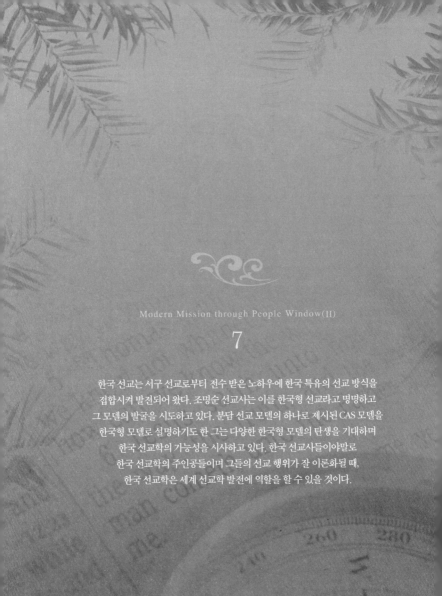

Modern Mission through People Window(II)

7

한국 선교는 서구 선교로부터 전수 받은 노하우에 한국 특유의 선교 방식을
접합시켜 발전되어 왔다. 조명순 선교사는 이를 한국형 선교라고 명명하고
그 모델의 발굴을 시도하고 있다. 분담 선교 모델의 하나로 제시된 CAS 모델을
한국형 모델로 설명하기도 한 그는 다양한 한국형 모델의 탄생을 기대하며
한국 선교학의 가능성을 시사하고 있다. 한국 선교사들이야말로
한국 선교학의 주인공들이며 그들의 선교 행위가 잘 이론화될 때,
한국 선교학은 세계 선교학 발전에 역할을 할 수 있을 것이다.

7
한국 선교의 경험을 활용하는 '한국형 선교' 모델의 추구

| 조명순

1. 한국 선교 성장에 대한 감사와 한국 선교의 과제

2010년은 에딘버러 선교대회 100주년이 되는 해였다. 100년 전에 이 대회에 참석한 사람들은 99%가 서구 사역자이었다. 그러나 2010년에 열린 100주년 기념 대회에는 비서구권으로부터 온 사역자들의 대거 참여가 있었다. '우리 세대 안에 복음화를 이루자' 라는 소망으로 달려온 100년의 수고의 열매는 바로 남반구에 있는 많은 기독교인들이며, 2/3세계 배경을 가진 선교사들의 활발한 등장으로 나타났다고 평가할 수 있다. 한국 역시, 비서구권에 속한 나라로, 서구 선교의 대표적이면서 성공적인 열매라고 해도 과언이 아닐 것이다.

오늘날 한국 선교는 우리 모두가 알고 있듯이 선교사 파송 2위이며, 세계 50대 교회 안에 한국 교회가 상당수 들어 있다. 특별히 한국 선교는 수적으로 조금씩 하향곡선을 그리는 서구

선교사의 빈 곳을 채워가듯이 1990년대 이후부터 급격한 성장을 가져왔다. 2009년 1월에 한국세계선교협의회에서는 파송 선교사가 19,413명이라고 발표 하였다. 한국 선교사 통계가 잡힌 1979년 이후로 한국 선교사의 수는 상상을 초월할 만큼 수가 늘어났다. 계속적인 상승세에 힘입어 2006년에 발표된 'TARGET 2030'은 앞으로 10만명의 선교사를 파송하여 한국 선교가 세계 선교에 기여하자고 격려하였다. 그러나 다음 해인 2007년 아프칸에서 일어난 사건 이후, 필요 이상으로 강도있게 비난하는 기독교에 대한 부정적인 공격이나 경제적 불안이라는 외부 환경으로 인해 한국 선교는 상당히 주춤하였다. 그리고 예상치 못한 이런 일들을 통해 한국 선교는 우리를 돌아보는 기회가 되었는데, 양적 성장에 대한 회의론적인 의견들, 질적 성장에 대한 강도 높은 제안 등 다양한 의견들이 목회자나 국내외 선교지도자들 사이에서 쏟아져 나왔다.

그럼에도 불구하고 여전히 한국 선교는 성장하고 있음을 부인할 수 없다. 얼마나 감사한 일인가! 이런 일들을 통해 한국 선교는 오히려 긍정적으로 '한국 선교'를 바라보면서, 지혜롭게 세계 선교를 이루어가는 것이 어떤 것인가에 대해 연구하고 사색하는 것이 필요하다고 생각한다. 적극적으로 선교사들을 내보내서, 전방개척지에 있는 복음에서 소외된 20억이 넘는 사람들에게 효과적으로 다가가도록 노력해야 한다. 한국 선교가

'체질 조정'(질적인 면)은 할 수 있지만, '체중 조정'(양적인 면)은 아직 안 해도 된다. 더 많은 선교사가 나가도록 격려하고, 우리의 약한 점에 대한 보완과 우리가 잘하는 것에 대해 더 부각시키고, 적재적소에 선교사들이 정착하여 사역을 잘할 수 있도록 기대감을 갖고, 개발해 나가는 것이 앞으로의 과제라고 생각한다.

2. 독자적인 '한국형 선교'(Korean Aspect Mission) 모델 개발의 필요성

한국 선교는 수자만의 성장이 아니라, 선교를 바라보는 시각에서도 성장된 모습을 보이게 되었다. 우리가 열심히 배우며 '서구 선교'를 따라가면서, 그들의 고민하는 것을 같이 고민하면서 달려왔다. 달리다 보니, 어떤 부분은 정말 '선교/선교사'이기 때문에 할 수 있는 보편적인 고민이나 문제가 있을 수 있지만, 서구의 고민이 바로 우리의 고민만은 아니라는 것도 보여지기 시작하였다. 선교 현장에서 부딪히는 문제들이 '서구인'이기 때문에, '한국인'이기 때문에 다르게 나타날 수 있다는 것을 보게 된 것이다. 자연히 문제 해결과정이나 방법도 달라야 한다는 것을 알만큼 한국 선교도 성장하였다.

현재 한국 선교사들이 선교 현장에서 당면한 문제가 '서구선교'의 틀로 분석될 수는 없다는 것을 안다면 그러한 인식이야말로 '한국형 선교'의 출발이다.

결코 '한국형'(Korean Aspect)은 편협적인 것이나 우리 것만의 고집을 말하는 것이 아니다. 오히려 한국 선교의 성장을 감사하고, 다시 오실 주님을 예비하는 '선교 사역'에 한국 선교가 세계선교와 협력하는 것을 전제로 하는 것이다. 그리고 '과업 완수'를 어떻게 효과적으로 이루어 가는가를 질문하면서 '한국형 선교'의 독특함을 찾아서 '제 역할'을 하기 위함이다. 그렇게 해야 하는 것은, '한국 선교'는 비서구권 선교국의 선두에 서서, 서구 선교와 미들맨의 역할이 더욱 기대되고 있는 시기이기 때문이다. 서구 선교에서 비서구 선교로 무게 중심의 변화와 남반구 기독교인들이 더 많아지는 변화는 앞으로의 선교 방향 전환에 많은 점을 시사하고 있다. 이런 흐름에 한국은 '가교'로서의 역할을 해 나가고, 질적이나 양적인 면을 포함한 다방면에서의 '한국형' 모델을 찾아가면서, 평가하고 선교 현장을 격려할 필요가 있다.

한국 선교는 약점만 있지 않다. 많은 지도자들이나 선교사들이 한국 선교 또는 선교사들의 장점도 있다고 하면서도, 실제적으로는 우리의 약점에 더 많이 신경을 쓰는 느낌이 있다. 약점을 보완하고 다듬어 가자는 면에서는 매우 좋은 현상이지만, 늘 그렇듯이 '약점'만 자꾸 듣다보면 위축되고, 정말 '내가 문제' 다 라는 인식이 자리 잡게 되어 본의 아니게 패배의식이 있게 된다. 한국 선교 문제점 있다. 그러나 문제점만 있는 것이 아니다. 그것은 지난 25여년[1] 동안 열심히 달려오는 동안, 실수를 하면서 성장하다보니 '실수'가 커 보인 것이라 생각한다. 이제는 약점은 약점대로 적극적으로 보완하고, 오히려 강점을 더욱 살려서 창의적으로 한국 선교사들이 사역할 수 있도록 해야 한다. 이런 자세가 세계선교를 도우면서 한국 선교도 활성화되는 길이라고 생각한다. 이제는 한국선교가 갖고 있는 풍부한 경험, 수준 높은 선교 인력, 열정 있는 지역교회의 기초 위에 '한국인 선교사'의 장점이 어우러진 '독자적인 모델' 개발이 선교의 전 영역에서 이루어져야 할 때다.

3. 독자적인 '한국형 선교' 모델 개발의 기본 요소

독자적인 선교 모델을 만들기 위해서는 먼저 '한국형 선교'를 만들어 낼 수 있는 기초가 되는 것들이 어떤 것인가를 생각해 봐야 한다. 최근에 '한국선교의 비교우위 지역 조건'이라는 주제로 설문을 한 적이 있다. 설문 가운데 한국 선교사의 강점

---

1) 한국선교연구원이나 한국세계선교협의회에서 발표한 자료에 따른 계산. 한국 선교사의 공식적인 통계를 1979년 93명으로부터 시작되어 매 2년마다 통계를 공식적으로 실시하고 있다.

에 대해 자유롭게 3가지 정도를 써달라고 하였는데, 간단히 설명하자면 많은 응답자들이 한국인 선교사들은 경험한 것들이 풍부하다는 것을 많이 지적하였다. 기도가 뒷받침된 교회적 경험, 개인적 경험, 국가 전체가 경험하였던 요소들이 장점으로 활용될 수 있다는 것으로 유추할 수 있었다. 또한 한국에 대한 호감도가 높아지는 현상들을 한국 선교가 비교우위를 가질 수 있는 항목으로 뽑았다. 그 가운데, '한국 문화에 대한 관심 증가'가 가장 높은 비율로 나타났다. 최근 몇 년간에 나타난 '한류 열풍'을 반영한 것이라고 여겨지는데, 중요한 것은 우리가 그러한 '한류 열풍'을 선교적으로 얼마나 적극적으로 활용하였는가를 자문해야 한다. 어쩌면 하나님께서 만들어주신 기회일지도 모르는데, 선교계에서는 사장된 감이 없지 않다. 이러한 기회를 살려가는 것도 '한국형 선교'를 만들어 갈 수 있는 기초가 된다고 본다. 즉, 우리의 경험과 우리에 대한 호감도가 '한국형 선교' 모델을 찾아가는 기본적 요소로 작용될 수 있다.

4. '한국형 선교' 모델 개발

한국형 선교 모델을 개발해 나가는 것의 목적은 한국 특유의 장점이 살려진 '한국형' 모델이 어떻게 현지에 다시 재해석되어 가칭 '현지형 선교'로 정착되어 그 지역에 도움을 줄 수 있는 틀을 제공하는가에 있다.

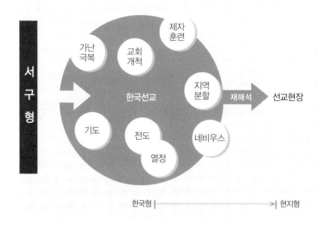

5. '한국형 선교'로 모델화 할 수 있는 것

1. 한국의 고질적 가난 퇴치의 상징 : 가나안 농군학교

한국이 가지고 있는 경험은 정말 많다. 기도에 대한 열정, 목회자들의 헌신적인 전도와 수준 높은 설교, 제자훈련, 가나안 농군학교(국가적으로는 새마을 운동2) 같이 가난을 벗어나면서

---

2) 동남아 모 지역에서 사역하시는 선교사와의 대화에서 이런 경험도 선교적으로 살릴 필요가 있다는 생각이 들었다. 그 지역에 '선교'와 전혀 관계가 없는 분이 와 계신데, 친분이 있어서 어떻게 오게 되었냐를 물었더니, '정부 초청으로 왔는데, 본인이 한국에서 새마을 운동이 일어났을 때, 관여한 적이 있었는데, 정부가 그러한 사람을 찾다가 자기를 어떻게 알았는지 연락이 오고, 결국에는 초청해 주어서 왔다'는 것이다. 새마을 운동은 개발 도상국에 좋은 아이템인데, 가나안 농군학교 같은 것을 적용해보도록 선교사들이 통찰력을 얻었으면 한다.

건강한 정신과 육체를 갖게 하는 사역 등 빛나는 것들이 많이 있다. 가나안 농군학교(국가적으로는 새마을 운동) 같은 것은 현지에 도움이 되는 좋은 '아이템'이라고 본다. 우리는 서구가 하고 있는 구호나, 지역사회 개발이나 우물파주기 등의 사역은 열심히 배우고 그들과 동역하면서, 한국 내에서 개발화되고, 성공적이었던 이러한 '틀'을 선교적으로 해석하고 활용하는 데는 매우 인색하다. 목회자 선교사가 많은 장점이 가져온 역기능적 결과인지도 모른다. 목회자 선교사들이 할 줄 아는 것이 '교회개척'이라고 교회개척에 힘을 쏟기는 했지만, 결과적으로는 난립하는 신학교 사역을 불러일으키고 있는데, 이것은 더 큰 역기능적인 결과가 아닌가 싶다. 이러한 좋은 경험을 살려서 '한국형 선교' 모델을 위해 더 많은 연구가 있기를 바란다.

2. 한국 교회 열정의 상징 : 기도

기도는 목회자 출신이 많은 한국 선교사의 두드러진 특징 중의 하나이다. '적극적인 전도와 기도로 대표되는 한국형선교'라고 현장 선교사는 논하였다.[3] 그럼에도 우리가 갖고 있는 '새벽기도'를 모델화하지는 않는 것 같다. 새벽기도는 한국적 기도의 독특함이다. 최근에 어느 목회자의 설교 가운데, '새벽기

---

3) 한수아, 현장에서 바라 본 한국형선교의 특질, 전방개척선교저널, 2009년 5,6월호.

도하는 미국 목사님'이라는 표현을 쓰면서 에피소드를 소개한 것을 들었다. '새벽기도하는 미국 목사님'이라는 표현을 통해 새벽기도는 미국 기독교인들에게 익숙한 것이 아니라는 것을 읽을 수 있다. 미국만 그러겠는가? 새벽기도는 우리나라만큼 성행하는 지역이 없다. 새벽기도가 시행되는 선교지는 거의 없다. 현지는 새벽 기도를 할 수 없는 환경이라고 한다면, 현지에서 기도할 수 있는 '환경'이나 '시간대'를 설정하면서 기도할 수 있다고 본다. 일본에서 선교사가 개척한 교회는 월,화,수,목 4회만 새벽기도를 하고 있다. 할 수 없는 환경에서도 다섯 번씩 기도하는 이슬람들의 태도를 보면서 생각해 봐야 한다. 우리는 이미 좋은 경험을 가졌기 때문에 현장에서 한국형 새벽기도를 '현지형 기도의 어떤 형태'로 바꿀 수 있지 않을까?

3. 새로운 컨텐츠의 활용 : 한국 '문화'

일반적으로 한국 문화라고 하면, 불교, 유교적 배경에서 나온 결과물들로 고착되어 생각한다. 그런 것들도 있다. 우리는 원래 기독교 국가가 아니었기 때문에, 그런 요소들이 우리의 모든 의식주에 들어와 있다. 그러나 그러한 것을 기독교적 시각에서 옳고 그름을 분별할 능력을 배웠고, 가지고 있다. 그렇기 때문에 우리는 얼마든지 한국 문화를 선교적으로 활용해 나갈 수 있다. 한복을 세계화하려는 노력, 한국 음식을 세계화하려는 노력들이 정부나 민간 차원에서 활발하게 일어나고 있다. 더욱이 최근 몇 년간에 나타난 '한류 열풍' 은 하나님이 우리에게 주신 좋은 선교 환경이다. 지나가는 트렌드라고 여기는 의견도 있지만, 여전히 '문화 컨텐츠' 개발 차원에서 한류를 계속 지속하기 위한 일반 기업이나 정부의 노력이 상당한 것을 알 수 있다.

그러나, '선교' 라는 영역에서는 오히려 이런 좋은 환경을 너무 소극적으로 대하고 있는 인상을 준다. '한류' 를 선교적으로 적극 활용한다면, 하나님께서 만들어주신 기회를 통해 '한국형 선교' 를 만들어 낼 수 있다.

최근에 선교 현지에 사설 한국 문화원 설립을 시도하고자 하는 노력이 있기는 하지만 '목회자 배경' 을 가진 선교사들은 이러한 시도가 여의치 않은 것 같다. 목회자 출신 선교사와 한국 문화를 어떻게 선교지에 활용을 하면 좋을지에 대해 회의를 한 적이 있는데, 상당한 거리감이 있다는 것을 느꼈었다. 한국문화라는 아이템을 단순히 수단의 차원을 뛰어넘어 활용할 수 있는 방법을 모색할 필요가 있다. 어느 청년이 시작하여 지금은 상당한 규모로 활동하고 있는 '반크' [4]라는 단체가 있다. 사이버 상으로 한국 알리기를 통해 세계와 접촉하는 일종의 민간외

---

4) 사이버 외교사절단 반크(VANK/Voluntary Agency Network of Korea), www.pkkorea,org. 이 단체는 'Why don't you be a friend of Korea?'를 목표로 사이버 상에서 적극적으로 한국 홍보를 하고, 세계 문화와 접촉하고 있다.

교사절단이다. 온라인상으로 시작하였는데, 이제는 온.오프를 넘나들면서 세계와 교감하고 있는 것을 본다. 이러한 예에서 보듯이 한국의 고유한 문화를 활용하는 통찰력을 얻을 수 있다면, 우리는 보다 창조적으로 선교지에서 '정착'과 더불어 '복음전파'에 귀한 기회를 가질 수 있다. 현지의 사설 한국문화원 사역도 새롭게 시도해 볼 만한 '한국형 선교'의 한 방법이다.

4. 커미티Comity(지역 분할) 전략의 한국형 선교 모델 : CAS 시스템

한국에서 적용되어 열매가 컸던 전략은 주지하듯이 네비우스 (Nevius) 정책과 지역분할(Comity) 전략을 대표적으로 뽑을 수 있을 것이다. 이러한 서구인들이 개발한 전략이 한국에서 열매를 맺었다면, 서구 선교사가 개척하여 복음화를 이루어, 이제 선교사로 나가서 사역하는 한국선교사는 당연히 이런 좋은 전략을 우리가 개척하는 선교지에서 '한국형 선교'로 모델화 하면서, 선교현장에 맞추어 재창출해 나갈 필요가 있다. 한국 선교 초기에 지역분할 시스템이 효과가 있었다고 인정한다면, 오늘날 우리는 선교지에서 이러한 전략을 활용 못할 이유가 없다.

선교사의 중복적 현상은 한국 선교사나 서구 선교사나 동일하게 지적된 내용이다. 한국 선교는 2000년에 대대적으로 선교의 중복투자를 하고 있음을 선교 지도자들이 공감하고 선언문을 작성한 역사를 갖고 있다. 이후에 계속해서 연구되어, 2003년에 'CAS 시스템' 5)이 발표되었다. CAS 시스템은 한국 선교가 적용해 볼 수 있는 틀을 갖고 있는 '한국형 선교' 모델이다. CAS 시스템은 선교 전략 관점에서 도출된 하나의 한국형 동반 선교 (Partnership Mission) 전략의 모델이라고 평가할 수 있다.

CAS는 3단어 Comity, Adoption, 그리고 Specialization의 첫 글자를 따라 만든 신조어이다. Comity는 지역 분할이라는 예의와 양보 정신으로 선교하자는 뜻을 갖고 있으며, Adoption은 책임 분담이라는 의미인데 여기서는 Adopt-A-People의 뜻을 가져 한 종족을 입양하여 분담 선교하자는 의의를 갖는다. 그리고 Specialization은 선교 사역 기능을 은사별 능력별로 전문화하여 분담선교하자라는 의미를 갖고 사용되었다. 선교지 분할은 한국인에게 낯설지 않은 개념이다. 이 전략이 일세기 전에 한반도에서 선교했던 미국, 캐나다 그리고 호주 선교사들이 사용했던 거룩하고도 전략적인 선교 방식으로 평가된다면, 우리에게 맞는 방법으로 개발되어 미전도종족 선교에 있어 선교지역의 중복과 선교자원의 불균형 배치를 막고 효율적으로 선교과업을 수행하는데도 유용할 것이다.

---

5) 2003년 한정국 선교사의 지도아래 미전도종족선교 10주년대회에서 처음 거론되었으며, 2009년에 '가나안 정복의 선교 신학적 해석과 전략적 교훈에 관한 연구: 한인 선교에 분담전략 적용을 중심으로'라는 논문에서 한정국 선교사가 집대성하였다.

6. '한국형 선교' 모델의 중심 : 한국인선교사

우리 모두는 변하기가 쉽지 않은 '기질'을 갖고 있다. 기질은 개인이나 공동체가 갖고 있는 특유한 성질이라고 한다. 통상적으로 거론되는 한국인들의 기질[6]은 강한 개척정신, 낙천성, 개개인의 우수성, 강한 개성, 강한 집단주의, 파당성, 외형 중시, 성급한 속도 정신, 약한 질서 의식 등이다. 우리는 '한국인'을 벗어 날 수 없다. 이런 기질들의 배경 속에서 기독교인이 되었고, 선교사가 되었다. 보편적인 한국인으로 한국인의 정체성을 지닌 채 선교하는 귀한 '한국인 선교사'이다. 그러므로 '한국형 선교' 모델의 씨는 한국인 선교사들 안에 공통적으로 들어 있다. 따라서 한국 선교사들의 사역을 수집하고, 분석해 나가는 일이 매우 중요하다. 이러한 과정을 통해 한국인 선교사들의 바른 정체성은 물론이고, 한국인 선교사이기 때문에 당면한 문제점 발견과 해결이 가능해 질 것이다. 아울러 강화되어야 요소들은 무엇인지를 찾아내고, 창조적인 선교 사역의 틀을 만들어가면서, 통찰력을 얻을 수 있는 지혜 들을 세계 선교계에 제시해 나갈 수 있다. '한국형선교' 모델 개발은 '한국인 선교사'들과 그들의 사역 속에서 찾아나가는 작업이다. 한국

---

6) 백석기, 한국인의 성공 DNA, 매일경제신문사. 2007

선교 역사 속에서 경험한 것들을 '선교 모델화' 하면서, 그것을 현장에서 한국인 선교사들이 적용해 보고, 다시 평가하는 과정을 거쳐 갈 때, 독특한 '한국형 선교'는 자리매김 할 것이다.

7. 협력을 통한 '한국형 선교' 모델 개발을 기대하며

'한국형 선교' 모델을 규명하고 찾아가는 과정은 하나의 선교단체나 한명의 선교사가 해 나가야 할 일은 아니다. 꾸준히 연합하고, 협력하면서 본부 차원의 전략적 연합들을 이루어 갈때 더 힘을 얻을 수 있다고 본다. 한국적인 독특함이 있는 것은 한국교회나 한국 선교계 등 한국 기독교 안에서 얼마든지 찾아낼 수 있다. 어차피 우리는 '한국인'을 벗어날 수 없기 때문이다. 억지로 서구 평가에 우리를 맡기지 말고, 하나님의 관점에서 우리의 시각으로 우리를 평가하고 재창조해 나가면서, 제 3세계 선교에 통찰력을 주어야 한다.

'한국형'이라는 단어를 사용하기 시작하였을 때, 나온 반응 중의 하나는 선교에서는 한국형이라는 것이 있을 수 없다는 것과, '서구형'에 반하는 개념으로 너무 편협한 개념이 아니냐는 반응이었다. 그러나 그런 것만은 아니다. 역으로 한국형을 생각해 보지 않는다고 해서, 한국 선교가 폭넓은 개념이 되는 것은 아니다. 오히려 한국 선교가 세계 선교에 기여하기 위해서라도, 하나님 나라 전체 속에 '한 개체'로서의 독특함이 더욱 발휘되어야만 한다. 독특한 '개체'들 간의 협력이야말로 최상의 하모니를 이루어간다고 생각한다. 그런 면에서, 서구형도 있고, 한국형도 있고, 현지형도 있는 것이다. 한국적인 것이 하나님 안에서 한국적인 것으로 다듬어져 발휘 될 때, 그것이 바로 '성경형'으로 활짝 피워 날 것이다. 지금도 선교지 곳곳에서 서구 선교사를 비롯, 타국 선교사들과 더불어 활발하게 사역하는 한국 선교사들의 수고를 격려하며, 그들을 통해 주님의 다시 오심이 이루어지는 날을 소망해 본다.

Modern Mission through People Window(II)